LOCUS

LOCUS

LOCUS

LOCUS

Smile, please

Smile 52　單身不賴，結婚更好
(Married: A Fine Predicament)
作者：安・洛芙（Anne Roiphe）
譯者：蔡佩君
責任編輯：林毓瑜　美術編輯：謝富智
法律顧問：全理法律事務所董安丹律師
出版者：大塊文化出版股份有限公司
台北市105南京東路四段25號11樓
www.locuspublishing.com
讀者服務專線：0800-006689
TEL：(02) 87123898　FAX：(02) 87123897
郵撥帳號：18955675　戶名：大塊文化出版股份有限公司

總經銷：大和書報圖書股份有限公司　地址：台北縣三重市大智路139號
TEL：(02) 29818089 (代表號)　FAX：(02) 29883028　29813049
排版：天翼電腦排版印刷有限公司　製版：源耕印刷事業有限公司
初版一刷：2002年 11 月

定價：新台幣 280 元
Printed in Taiwan

單身不賴，結婚更好

結婚的蠢念頭、笨想法、聰明選擇、不斷的疑惑，以及好理由

Married A Fine Predicament

Anne Roiphe◎著
蔡佩君◎譯

目錄

整個世界在他們面前，到哪裡去選擇
棲息之地，且讓神意來導引：
他們手牽手，腳步遲疑而悠緩，
穿過伊甸園，獨自走他們的路。

——米爾頓《失樂園》，1674

I

婚姻制度

不是道德的，也不是不道德的

憂慮

身爲人母，幾個女兒都還沒結婚，我發現自己對於報上結婚啓事的關心程度高得不像話。我閱讀著這些我不認識，也永遠不會認識的人婚禮的描述。我讀著，好像字裡行間隱藏著什麼暗碼，我如果可以破解，就能幫助我的小孩走進她們自己的婚姻。我的幻想底下潛伏著嫉妒。我想像自己是一座燈塔，屹立岸邊，探照的光芒掃過廣袤的黑暗大洋，打算將船隻導引到安全的港口。這想法很荒謬，因爲我和一般人一樣知道婚姻不過是故事的開始：接著會有劇情、工作、地點，在此地，觸礁是家常便飯。我應該知道不要以爲婚姻是通往幸福唯一或正確的道路，但我還是很擔心：她們會發生什麼事？我的焦慮當然讓女兒們覺得很煩。我也很煩。

這本書是從一個痛處開始的。

認可兩性結合的想法在創世紀就開始了。彼時，上帝看到亞當，見他孤獨一人。上帝便說：「人單獨一人是不好的。我要爲他創造一個伴侶。」暫且不管那段描述中的父權意味，暫且不管達爾文的說法是比較切合兩性平衡、也比較可信的，這個基本觀念其實沒錯：獨自過一生是不好的。小時候我們玩牌，遊戲的目的就是最後不要握到老處女牌。牌中她的樣子很可怕，蓬頭垢面，表情扭曲，嘴巴緊閉，一身掛袋般的寬鬆衣服。就因爲這圖案實在太嚇人了，現在我們會說這樣的形象是政治不正確的。它讓人又同情又鄙視又懼怕，而且是針對女性。這很荒謬。當然囉，如果你沒結婚或沒有一直處於婚姻狀態，生活也不會這麼慘。當然你也不會因爲沒有步上紅毯，走到聖壇前，就一定會邋邋遢遢，無親無愛過一輩子。在過去強制性較強的時代，老處女的形象是個威脅，目的是要讓每個小女孩聽話守規矩。現在她不再是老處女，而是三十好幾的職業女性，緊張地想找個配偶，好在生理時鐘向更年期投降前生小孩。她不再是人家的笑柄，反而變成「慾望城市」中的女主角，和許多人一樣害怕會被淘汰出局。亞當在沒有夏娃之前，他悲哀的孤獨之中藏著某種東西，反映在所有不像上帝王國中的動物那樣兩兩攜手，走向方舟的男男女女身上。沒有伴侶的人類生活中，有某些令人害怕的事物。有伴侶的生活中也有令人害怕的事物。毫無疑問地，如果你結婚，是把生命交到自己手中：但沒有結婚也是如此。

想像一下——我們先把婚姻從場景中移開。這裡有男孩和女孩，長大或許想要一起生活或許不，或許想生小孩或許不，可是他們希望能在生病的時候彼此照顧，希望爲老年而著想，沒有離婚或義務這檔事地過完一生。試想這樣的世界：孩童都住在共有的居所中，由年長的市民撫養。現在十二歲左右的小孩的生活就像這樣，成群在遊樂場上晃盪，向好朋友吐露秘密，發現他們喜歡和不喜歡的事物，爲著必然異於現在的未來做打算。然後，再將性經驗加入這景象，你會看到一個成人的世界，他們沒有理由不會在瞬間改變生命中的一切，期盼有其他更青春煥發、更有吸引力的選擇。在這個世界，沒有人工作的目的是爲了把另外一個人送進學校。在這個世界，銀行只根據一張納稅單來給予抵押貸款。沒有人害怕被遺漏（總是女儐相，從來不會是新娘），而男同志和女同志們都可以像其他人一樣彼此建立關係或斷絕關係。在這世界中，結婚工業無利可圖，辦離婚的律師淪爲低收入戶，而夫妻關係治療師沒飯吃，拉斯維加斯的艾維斯禮拜堂門可羅雀，剩下的我們都活得好好的，擁有許多朋友和愛人，我們的生命不是在特別時刻由上帝或國家將之神聖化，相反的，它一直是神聖的。這樣的世界是烏托邦還是地獄？

一股對於婚姻的嚴重焦慮瀰漫此地。我們都知道只有百分之二十五的美國人生活在傳統的家庭中。只有百分之五十一的小孩在雙親家庭長大。由結婚夫妻所組成的家庭戶數比例由一九五〇年的百分之七十七降到百分之五十五。今天有百分之三十六的小孩不是和親生父母住在一起，一九六〇年卻只有百分之十七。一九九八年的離婚率是一九六八年的兩倍。我們知道離婚就像感冒一樣平常。我們知道連最保守的南方浸禮會牧師都擔心，他們那裡許多婚禮會以悲劇收場。結婚的年齡往上攀升，只有年紀不小和來日不多的人會走向聖壇。我們知道有非常多的女人和少數好男人正獨立撫養小孩，而在美國許多地方，不管男女都是想做愛就做，不一定要得到國家或宗教的認可。書店裡多的是給不幸婚姻的解藥：眞是悲慘到處傳染的確實徵兆。小販和算命仙保證治癒不幸婚姻，實則從中大賺一筆。我們對於結婚會使人快樂、婚姻是幸福的說法，已經失去信心。許多年輕男女都害怕所謂的「承諾」。他們徘徊。他們等待。他們已經看過許多不快樂的父母分手而覺得遲疑。就像不敢躍入游泳池中的小孩，他們在一旁發抖、猶疑。於是問題來了：我們還需要婚姻嗎？如果是，我們爲什麼需要它？對於家庭生活中出現的遺憾，我們怎麼辦？我們是不是漸漸不再將婚姻視爲社會、文化、宗教上的必需品？我們處在過渡階段嗎？如果是，接下來是什麼？

非常奇怪的是，赤足在沙灘上舉行的簡單婚禮流行了幾年之後，我們看到華麗的傳統婚禮最近又重返了，新娘新郎的小人像放在白色大蛋糕的頂端，昂貴的花朵、炫目的服裝。這些正式儀式的作用就像堤壩上的沙袋。它們做出大膽的宣示。「我們不會被當代無序而混亂的強大潮流所沖散。我們會閉起眼睛，假裝現在是一九五〇年，說不定夢想會成眞。」華麗婚禮的流行，或可理解成當今不幸婚姻的焦慮徵候。或許單身漢派對再加上一個姊妹桌、白紗禮服、花店的手工花藝，加起來可以使我們的誓約持久不變，不讓惡毒的目光接觸到我們的結婚公告。

另一個焦慮的徵兆是，堅拒爲同志婚姻賦予宗教的權利。倒不是因爲惡意，反而純粹是受到驚嚇。如果婚姻這機制夠堅固，就不會因爲同性戀愛侶的加入而瀕臨險境。我們國家某些地區對於同性戀婚約的想法充滿憤怒和焦慮，正透露出這個社會系統的脆弱，一旦遭逢轉變之風便搖搖欲墜。有些人憂慮在新一波文化流失的狀況下，對於婚姻的尊重會愈來愈衰竭。這就是爲什麼他們會大聲呼籲婦德，呼籲在婚禮之夜以前要禁欲，呼籲「家庭的價值」。然而舊世界正在消失，婚姻定位女性，而性是封裝於瓶中的邪魔，這樣的觀念，在美國許多地方更是早已蕩然無存。對這個主題的保守態度和歇斯底里，是衡量我們的婚姻制度遭逢危機程度的眞正指標。難怪保守右派要反擊；難怪有許多重大的反挫；難怪反動的脫口秀主持人只要一談起女性主義納粹（feminazis）和同性戀，就好像他們是共產主義破壞分子，打算推翻我們所珍視的一切。

然而家庭價值還是存在的，但不是那種「家庭價值」。還是有其他家庭價值是符合人性、有彈性而且堅定的。這些價值也有深厚的根柢，雖然不必然是植基於神性的權威之上。尋找那些根不需要回到過去時期的美國。我相信，由我這個女性主義者和心理分析師的丈夫共同扶養長大的女兒，有一天終將論及婚嫁，那是維持過往最好的部分，而擺脫最壞部分的婚姻。但是她們相信嗎？她們可以找到伴侶嗎？這是問題所在。

過往的路

我二十一歲剛從大學畢業的時候，愛上一個大膽、衝勁十足，想當作家的年輕人。他以自己發明的英國腔，敍述他是在曼哈頓外圍的一個單房公寓中，由離了婚的母親和離了婚的外祖母扶養長大，外祖母的家庭或者家族的某一支曾經在南卡羅來納州是富有人家。他想出名，就像有些小男孩想變成棒球選手一樣，想得要命。他像一匹不安的阿拉伯馬，也像阿拉伯馬一樣俊美。他不只酒喝得多，簡直是喝個不停。我想所有藝術家都是這樣吧。他可以朗朗上口許多詩。他學哲學。他允許我請他喝一杯，有時候酒吧關門後，他也允許我開車送他過皇后大橋回到他的家。他拿到德國獎學金，要求我和他一起去。或許他不是要求，而是允許。我從母親的珠寶盒裡偷了一個戒指，賣掉以後換得的錢讓他可以帶我去歐洲，這是在他獎學金開始生效前三個月。

那年夏天在巴黎，我們搬進蒙帕那斯大道的一座小公寓。他正在寫一個故事，內容是一個畢業生槍殺他的哲學教授以摧毀他對上帝的信仰。我坐在咖啡座看著人來人往的街景。母親以為我是和某位女友旅行，而這位女友其實只是時不時將我預先寫好的明信片寄給我母親而已。八月快到了，我知道我想和我的室友，我的伴侶，一起去慕尼黑。他是作家，而我是他的繆思。那年是一九五七年。我寫信給母親，告訴她一切眞相，請她寄給我冬天的外套和一些錢。她回信說，如果我要去慕尼黑，就應該結婚。當我把這個想法告訴我的愛人時，他消失去狂飲了兩天，之後他答應了。

我們取得許可，並在我們居住地的市政廳舉行公開儀式。大廳中市長席位前有很多對等待結婚的人。很多新娘披著白紗，準備待會兒去進行教堂婚禮。我穿上我最好的禮服，但是有點皺，因為我沒有熨斗，也不知道怎麼用。輪到我們時，我們站在市長面前，他說了一些必要的正式話語，然後從他的席位傾身過來，大聲地以英文對我們說：「你們知道我在擔任本區市長二十年的生涯中，沒有一次我主持的婚姻是以離婚收場的。」從他的聲調中，我可以明白聽出他是在恭賀自己和我們。雖然那已是四十四年前的事了，我還是記得他的話宛如一陣罪惡的尖銳痛苦刺穿我的心。我在戀愛，只能做我已經做了的事，但站在那裡，我還是知道我大可能會為他製造出第一樁失敗的婚姻。那一整天我都覺得很羞愧，因為我可能會毀了他市長任內的完美紀錄。六年後我從墨西哥華瑞茲（Juarez）的法庭拿到離婚證書，幫我蓋章的職員祝我「幸福」，我就在想我那位市長會不會發現。我希望不會。

一九五七年，我不能一面活在罪惡，一面以自己的步伐成長。一九五七年我不敢。若是在那十年之後，我可能不會那麼確定，認爲唯一的選擇是嫁給一個作家，因爲我自己就想當作家。我對過去沒有留戀，對於那些只因爲現在世界混亂、無序、不如人意，就把他人關在古老監獄裡的人也毫無感傷。

焦慮，但不灰心

對婚姻的焦慮尚未將婚姻觀念給扼殺。成就快樂的婚姻以及充滿愛的家，仍是中心價值，是人們深深渴望、苦苦追尋的理想。不管是在世俗城市中心那些戴著哲學博士、法學博士和醫學博士等頭銜的人、在派特•羅伯森（譯註：Pat Robertson，美國基督教聯盟創立者，其福音事業遍及電視、廣播等媒體，政治、社會等領域，被視爲是美國今日宗教右派的代表人物）鄉間的偏僻角落，以及遙遠西部和西南部的廣大天空下，這樣的願望都存在著。婚姻仍然是大多數人重要的人生計劃，而經過國家認可的合法婚姻，仍是在其社群中獲得歸屬的表徵，代表著在世界上取得了成人的地位，且不管這個世界或那個地位是如何不穩定。人口普查發現有百分之二十五的美國人生活在核心家庭中，如果做調查的人能計算那些想要組成家庭的男女、或者想找個伴來共同養育子女但是還沒有成功的人，那麼這百分之二十五的數據會躍升一大步。這不是一個可以證明的陳述，但是有人懷疑嗎？不管週遭的網際空間變得多麼熱鬧嘈雜，快樂家庭的景象還是會躍動在我們腦海裡。我們希望自己的小孩像「草原小屋」中的瑪麗、蘿拉和凱莉那樣，有一個媽媽一個爸爸。這是我們的衝突。現實和願望衝突，迷思和事實衝突。讓我們焦慮，它也應該如此。

結婚不只是爲了未來的小孩，也是爲了自己。

柏拉圖說了這樣的故事，很久以前人類是男也是女，是二合一的造物，後來兩者被拆開，分開的兩半終其一生尋找另一半，以便使自己再度完整。結果證明這敍述是差勁的科學，却是恰當的隱喩。我們內心有某些東西渴望結合，如果不是和另一性合併，也會是在這樣的交合中感覺完整，在身體和情感的碰撞中獲得滿足。但是這種完美的結合、雙性存在的自我再創造，並非易事。我們需要將愛慾和心靈與另一人相融，意思是色慾之愛和伴侶關係要放在同等地位。連佛洛伊德都覺得這有點超出他能掌握的範圍。他的妻子後來變成盡忠職守的維也納母親及管家，但似乎不是他所需要的理想和知性伴侶。就這方面而言，他反而比較喜歡他未婚的小姨子米娜・柏納思（Minna Bernays），後來則是他的女兒安娜。至少在討論他後期的想法、他的專業同事、他對考古學、藝術史和科學的眞正興趣方面，瑪塔・佛洛伊德是被排除在外的。若果如此，可憐的瑪莎，可憐的佛洛伊德！兩個人都沒有成功找到柏拉圖所瞥見的完整性。並不是因爲佛洛伊德一生多數時間是活在前佛洛伊德時期，而是因爲柏林圖的理想是不眞實的，在女性經常被賦予家務而男人要到外面的世界闖蕩、與妻子離分而成長的社會裡，尤其如此。佛洛伊德似乎找到一種和服侍他的三位女性快樂生活的方式，其中兩個是未婚的，這也許證明了他是天才。

由婚姻而達成完整性的觀點，也出現在塔木德經（*Talmud*）當中。我們在注釋篇中可以發現。「爲什麼律法書說：『如果任何男人娶妻』（申命記二二：一三），而不說『如果女人嫁給男人』？」西米恩（R. Simeon）說，是因爲「男人應該去尋找女人，而不是女人尋找男人。也許可以用被拿掉了一樣東西的男人做比喻：誰要去找？是掉了東西的人要去找。（因此，男人失去一根肋骨之後，他必須去找回來。）」（譯註：《塔木德經》爲關於猶太人生活、宗教、道德的口傳律法集，爲猶太聖者對於聖經的詮釋、評注及教導，由後世拉比（Rabbi）執行之，拉比即爲塔木德經的教義傳授者）不要介意這求愛方式反映了幾千年來直到現在都還有的性別歧視色彩。這也道出，肋骨的故事是柏拉圖寓言的另一種版本。一個人缺了另一者，我們覺得不完整。在某些方面，男與女、夫與妻，本爲一體。

當然這種一體性是狡猾的。若太就字面去解釋，柏拉圖的理想型可能會毀掉一樁婚姻。太過一致可能會讓其中一人消失於另一者當中，這對於婚姻的存續並不好。婚姻無法讓一個有著嚴重病態靈魂的人幸福，無法塡補內心所有的洞，或像「星艦迷航記」中的心靈結合一樣幫助我們活下去。柏拉圖意指的這個二合一的過程，在現代的社會裡需要許多的平衡、解釋和謹愼。這個隱喻用來描寫性行爲是很好，但是無法涵蓋伴侶關係的本質，就其定義而言，伴侶關係是一，也是二。

啊，眞是矛盾，眞是頭痛：難怪大部分的人都會感到困惑——我們在聖壇前允諾的到底是什麼？我們知道自己在做什麼嗎？

今天大部分的女性不只是把自己當伴侶，當然也不覺得她們人生的目的是乖乖當另一個人的肋骨，保護她配偶的呼吸器官，所以，令人驚訝的是：婚禮還是在舉行，新的家庭還是像長青枝芽一樣，在燒燼的森林土壤裡冒出來。但是眞的是這樣，眞的。

我們當中有些人結婚是因爲，如果我們就住在火車站，那遲早都會搭上車。而婚姻的觀念雖然受損，卻依然位居優勢，是一本告訴我們如何生活的陳舊指南。不過，我們結婚也可能是因爲，即使有許多負面的證明，我們仍超乎希望地盼望，生命之中能有心心相印的伴侶，是情慾的對象也是心靈的友伴，他會站在我們身邊，像堡壘一樣幫助我們抵禦災難的潮汐和時間的侵蝕。人們面對現代的種種事例仍堅持這種希望，是很值得注意的，也是一種表徵：雖然男女雙方對彼此都做了很多可惡的事情，我們內心依然盼望明天會更好。這樣的希望不易消失。有些人，包括我自己，就因此而結了好幾次婚。

死硬派

結婚三十四週年前夕，丈夫和我到我們最喜歡的餐廳共進晚餐。我從桌底下握著他的手。我們的對話緩慢而平常：我們又擔憂了一次同樣的事情、計劃即將到來的旅行、閒聊別的人事物。一個想法游過我的腦海。如果我沒有嫁給他，會是怎樣？假如我走下阿帕拉契山，像我當時看到的一九六七年版「慾望城市」，根據我當時所想的，變成一個公共衛生護士，把我的寶寶包在大衣裡面，夜夜在陌生人的臥室裡哄寶寶睡覺，會如何？如果我一生只是和已婚男子發生一段又一段的戀情，而在孤寂的夜晚則以英詩自娛，又會如何？讀詩可能會比較好，但是我會比較快樂嗎？如果你選擇了一條路，就永遠不會知道另外一條路上有什麼在等待，是南卡羅來納州公路上的一樁致命車禍？還是某個事件讓你的人生變成西西里海岸一個小鎮上的流放詩人？誰知道呢？

結婚紀念日當天，我望過桌上的香檳酒瓶，看著丈夫，他對我微笑。我又看到那個害羞甜蜜的微笑，在遙遠的過去，我曾經在一個派對上注意到這樣的微笑，那時我好像才剛剛長大，卻已經準備寫回憶錄，因爲那時候我不知道我的生命正要開始，站在最開始的人總是不知道。那時他是離了婚的醫師，有兩個小孩，他談到她們，帶著動物般的猛勁，喉嚨裡却哽著難以下嚥的痛苦。

我的結婚紀念日是眞正感恩的一天，感謝到來的幸運，感謝我走過的路。我對他說：「答應我，我們的女兒會找到伴侶。」他笑了：「她們不會有問題的。」他平常總是這樣說。「即使是單身？」我說：「當然，」他說：「不管是不是單身，她們都不會有問題的。時代在改變，她們是獨立、受過教育而堅強的女人。她們會過得很好。相信我。」「我不相信。」我說：「我知道。」他回答。我討厭在我只能看到自己鼻子的距離時，他却可以把眼光拉遠。可我喜歡他的長遠眼光。那讓我整晚覺得很安慰。

喜悅的眼淚?

婚禮是可以讓喜樂獲得保證的地方，許多人都會不禁淚灑婚禮。歡樂的場合中染上感傷色彩，是很有趣的情形。所有拭淚的人當中，每個人灑淚的確切理由可能都不一樣。儀式進行到另一個階段、新娘進場、新郎在身上到處找戒指，或者花童走進教堂中道的時候不小心絆到腳，都可以讓在場觀禮的人開始擤鼻涕，新娘的母親鼻子一陣阻塞，新郎父親的老花眼鏡霧茫茫，或是在最後一分鐘才被邀請觀禮的某位家庭新識發出哽咽的聲音。

這些神秘但平常的眼淚，似乎是因爲情緒激動而滴落，但是更可能是溢自某種自憐的泉源。「我曾經也有過像這樣純潔的時刻，但你看看我現在的樣子。」有些眼淚是爲了逝去的青春、逝去的愛、逝去的恩典而灑落，也爲了生命中的一段時光，那時每件事情都擺在你面前，而眞正的苦難磨練靜靜在旁等候。流淚也可能是因爲，我們根據自己痛苦的經驗知道，雖然儀式美麗，家人的愛環繞著新娘新郎，但依然無法保護新人免於將會碰到的各種掙扎之苦。他們的小孩會不會被病魔奪走?他們會不會無法生育，並在失望的時候彼此扶持?他會不會失業?她會不會愛他?他們會不會各自愛上別人？他或她會不會不值得獲得另一半現在賦予的信任？現實世界的陷阱、阻礙和情緒地雷，可以列上一長串，特別是對於結合的兩個人。每個超過十歲的人都知道，離婚就像睡美人宴會中未受到邀請的女巫，在一旁伺機而動，嘲笑著我們。這就夠讓人想哭了。

有些人哭是因爲，這「至死不分離」的理想，實在是美得讓人痛苦。它美在需要很久的時間雙方才會分離。痛苦則很明顯，有些人想到自己會死。有些人想到他們會分開。有些人嫉妒年輕的戀人，而嫉妒變成了自憐的眼淚。有些人從不會在婚禮上哭，因爲他們根本不讓這種情緒接近意識。這些人並非幸運兒，他們只是看到了瑪杜莎的頭，因此變成了石頭。

在女兒的婚禮上我會哭。但眼前的任務卻不是哭或低泣，或者如果沒有婚禮，就抗議這個宇宙不體貼。

實際的事情——錢、錢、錢

撇開感傷情緒不談，婚姻就像人類學家所說的，是親屬系統。愛情，是我們用來涵蓋一堆混亂計算的字眼，在珍・奧斯丁（譯註：Jane Austen，著有《理性與感性》、

《傲慢與偏見》、《艾瑪》等切入其當代中上層社會價值及道德困境的作品）的時代，這些計算比較大膽而明顯，但是我們現在還是有。並不是說浪漫愛情不重要，而是說它是因爲其他的考量，好比說是被社交機會，所刺激、鼓舞以及點燃的。愛情可以是吸引人的容器，包含著經濟或社會的晉升，有點像把藥放在製作精美的香水瓶中。婚姻還是達成某些野心最簡單的方式。經過計算後的正確選擇，一個人可以將自己撐高到社會階梯的最上階，或直接通往彩虹彼端的金銀堆。相反的情況也有。在地方報紙的社會版，我們總會看到銀行家和投資顧問的女兒下嫁園丁或馬伕，兒子娶了保姆或女店員（在布告中會稱他們是地景藝術家或馬廄總管、兒童保育工作者等等）。如果錢夠多的話，階層較低的伴侶就直接冒到這世界。如果錢不夠，新娘要自己洗盤子，小孩則上當地的學校，對這對夫妻而言，生活會是困難的，就像對於沒有信託基金、沒有教育、沒有大膽謀略的人，生活總是不容易的。

從前從前當我還年輕的時候，覺得談到錢或保障是殘酷又無禮的。我覺得唯一重要的事，就是愛情。在美國，我們都是這樣告訴彼此的，我們一定也是這樣教小孩。電影告訴我們是這樣沒錯。電視影集每週定期提醒我們，在達拉斯或洛杉磯發財，就像把自己的頭放到鯊魚嘴裡。美國每個小學三年級的學生都知道，不可以在老師面前對胖子說難聽的話，或者承認你不想把你的零用錢捐給窮人。有了這層信念，他們也知道你應該相信個性要比金錢重要得多。但是話又說回來，沒有人相信如果唐納・川普（譯註：Donald Trump，美國房地產大亨）是大賣場裡賣鞋的店員，那些超級模特兒會嫁給他；也沒人相信，如果棕櫚灘街上那些富太太的先生把錢全都捐給當地的醫院，她們還會愛他們。我在想，如果我的伴侶要求我帶著小孩在拖車屋停車場加入他，我是否還會愛上他。難道他所受的教育以及在美國社會的成功，不是我愛慕他的部分原因？我愛他，因為他是受傷心靈的療者，但是如果他做的醫療是巫毒儀式，而人們以兔皮為酬勞，我是不是還會愛上他？

諷刺的是，我們身處世上最崇尚物質的國家裡，美國是消費者文化的巨大製造者，資本家到處都是，我們却都以童稚的熱情相信浪漫愛情的絕對至高地位，以及無盡的善，或者照我們的說法是如此。但是如果你只為愛情而結婚，不僅僅是靈魂會磨出水泡，你的手也會。沒有一點經濟保障，那叫做愛情的東西可能會像貓爪中的蝴蝶那樣慘遭捏碎。這事每個成年人都知道。每個成年人也都知道，有了經濟的保障，那叫做愛情的東西還是有可能像貓爪中的蝴蝶一樣慘遭捏碎。

我母親常說：「愛一個有錢人和愛一個窮人一樣容易。」對有些人來說是更容易。

事實上我母親自己就是富有的女人，她嫁給一個窮人，却爲他冷酷的投機作爲而付出昂貴代價。很小的時候，我以爲錢是邪惡的，而貧窮是一種美德，特別是如果你是在沒有暖氣的小閣樓裡繪畫或吟詩的人。我的整個童年都親眼看到，如果缺乏情愛，美麗的事物也是無用的。世界上所有精美的瓷器也無法提供快樂的一餐。童年的家中，我們都是在一張新藝術風格的金黃色木桌上用餐，這張桌子是用來搭配我們的牆面室內設計師所選的一面中國式屏風。女傭端來盛在銀碟中的烤牛肉。但是大人却以難聽的字眼叫彼此的名字。小孩們瞪著餐盤，滿心希望他們到別的地方去。我母親常常說，她願意放棄所有的財富，和一個正經的男人和諧地生活在鐵道旁的簡陋木屋裡。她沒有這麼做。她的道路從來不曾和簡陋木屋中的男人交會。這樣的人是沒法在薩克斯第五大街的路上找到的，這更可悲。

她希望我嫁給有錢人，好過著舒適的生活，而不受厄運的摧殘。她相信金錢的價值，也相信浪漫的理想。她將兩種信念分開，又以同樣的狂熱維護兩者。在這方面，她是一個典型的美國人，矛盾、不合邏輯，但是就跟所有其他人一模一樣。

十幾歲的時候，我私下以爲這個國家的財富應該重新分配，讓它公平分布在全國。我購買《工人日報》（*Daily Worker*），放在枕頭下，但女傭發現後却把它扔掉。我也希望世界可以改變，好讓那些沒有愛的人也可以獲得愛。那是我秘密的革命理想。

在第二次的婚姻中，我經常發生金錢上的問題。我的伴侶在一九三〇年代大恐慌期間長大，他節儉又謹慎。我却一直希望有更多的進帳。我們兩個人都不貞的擅長金錢投資或計劃。我們只是互補。我的投機和他的謹慎中和。有時候我們一起做了錯誤的決定，都試著不要去怪對方。但有時候像學費增加，又有其他負擔讓經費吃緊，我們關係就會開始緊張，若不小心處理便會爆發開，一發不可收拾。

我會在一些事情上說謊，還會虛報購物的金額。雖然是無害的白色謊言，但還是不好，更糟的是，他對於不管是不是我的揮霍都感到難過、憂慮、氣憤。如果我買給他什麼有價值的禮物，他會不高興。我已學會不要用禮物讓他不高興。如果不是爲了別讓他傷心或憂慮，我會安排更多旅行、搭更多次計程車、更肆意揮霍。當他擔心錢的時候，就會沉默不搭理我。這讓我很生氣，這也是吵架的一種。由於我們無法就事論事看出在某個既成狀況下應該憂心還是不應該，最糟糕的金錢過失便出現了。但是關於錢的事，我想許多人都在不應該的時候爭取或憂慮，應該爭取或憂慮的時候偏偏又沒有，因爲金錢和安全感是相對的事情，而我們如何看待則是奠基於最早的經驗。我們都把我們最基本的恐懼加諸於金錢，這就是爲什麼我們看到最富有的人會對小錢斤斤計較，好像他們的一生都要依賴一個小豬撲滿。談到錢的時候幾乎沒有一個人是完全理性的，但是著實奇怪，因爲金錢的進進出出實在沒什麼神奇可言。

王爾德說：「爲錢而婚，你就賺到了。」但是沒有考慮到錢就結婚，可能會讓你以後無時不刻都在想錢的事。

每樁婚姻當中都有因錢而懊悔的事。有一次我賣掉我祖母的綠寶石飾針，因爲我們需要錢給其中一個小孩接受特殊教育，當時我們覺得那是非常必要的。之後才發現不需要變賣。沒有賣掉飾針我們其實還是有辦法，但已經無法贖回了。我認爲失去這枚飾針是他的錯，是他過度的憂慮迫使我做了這件事。但是或許我們眞的別無選擇。我還記得在珠寶店後方的辦公室，我把飾針遞過去，換得一張支票。我坐在一張紅色皮革的大椅上。珠寶店男人的桌上有一張婚禮相片。他說那是他女兒。事情已經過了很久，其實已經沒關係了，但是依然在我的婚姻上留下一個汚點，一小片徘徊不去的陰影。

我們經常會愛上可能給予我們想要的那種生活的人。可能是某些實質的東西，像是一大筆錢，也可能是某些天眞而個人的東西，像是在大學中讀書的生活、在軍隊中的生活，或是在農場上或一輩子旅行的生活。我們的愛情會依循著我們爲自己許下的願望。爲什麼不？和誰結婚會影響我們在社會中的地位，也影響個人的財富或未來的保障。我們的歌曲都和浪漫愛情有關，找到或失去愛情，但是如果我們將納許維爾的老式情歌和生活的現實混淆，就是愚弄自己。即使在二十一世紀，婚姻還是把你定位、將你劃上特徵、給你貼上標籤，比以往更穩定地將你嵌入你的社會階層和經濟地位中，將你推進某個宗教團體或次團體。在這裡，並非只是和一個伴侶生活這麼單純。你和誰結婚是你在社會中身分的一部分，而你和誰同居只是你自己或是愛你的人會關心的事，對於你的社會身分卻不會留下太多痕跡。

如果結婚年齡往後延，而兩人在世界上都已達到自己的地位，情況就與上述不同。但即使到那時候，選擇伴侶還是有社會風險和報酬。社會就像蜂窩一樣，我們每個人都各自有一個小洞。逃不掉的。但這也不是在暗示每樁婚姻都是甜蜜的。

悲慘不是窮人的專屬權

有些社會學家討論到家庭生活，他們認爲經濟和我們愛伴侶的程度及婚姻的穩定有很大的關係。他們指出一個事實，低收入家庭的婚姻日子會比一般大眾辛苦。將近三十年前，丹尼爾・派翠克・莫尼漢（Daniel Patrick Moynihan）觀察到物質的貧窮和失業會對婚姻造成無法承受的緊張。沒有工作的男人有漸漸遠離妻子、女友及小孩的傾向。由於沒有能力養家，他們會沉迷於菸酒，最後身陷囹圄或乾脆棄家而去。沒有了賺錢養家者的驕傲，他們可能會虐待妻子以恢復一點男子氣概，在他們無力的時候藉此施加權力於他人。社會學家在巨大的財富不平等中，看見某部分的人口容易出現婚姻悲劇。他們說，我們的團體文化沒有留下任何空間給家庭生活、給生病的配偶，沒有留下時間給要照顧新生寶寶的父母親，沒有照顧到男人與女人要找時間一起相處的需求。他們發現，欠缺足夠金錢讓雙親有壓力，他們必須找第二份工作，以致於一周有許多時間無法待在家裡。

這些都有可能。但是艱苦的日子、生活的掙扎、養家活口、支付貸款、存點小錢，在每個國家、每個時期、每個年代，都一直是人類經驗的一部分。如果打獵或採集維生，有獵物捕獲一空的危機。如果種植穀物，可能碰到蝗蟲來襲。如果有農田，會碰到洪水氾濫。需要雨的時候又不下。不是只有資本主義會讓賺錢養家變得困難。在所有空間和時間中的婚姻，若不是像楊柳遇到風一般垂腰，就是像遭到海上風暴的木製船身一樣解體。

但除此之外，非常富有或受高等教育的人離婚率也都頗高，有時候，優越感和個人條件會讓人們在一遇到困難的時候就選擇離婚，堅持貫徹小心斟酌過的婚前協議書，然後解散家庭，雙方宛如僅是餐桌上的兩只茶杯。賺錢能力強的男人會陷入憂鬱、物質濫用的狀況，或恍恍惚惚過日子。能在購物中心採購設計師服裝的女人會漸漸對她們的生活感到不滿，渴望和伴侶有更多親密的機會，夜半淚濕沾枕，因為另一半撫觸她們的方法不對。經濟的不平等不是好事，但是大半婚姻的問題不能歸咎於此。

如果每個人都有正當職業，所有領薪資的人都可以靠薪水過活，工廠不會關門，公司所在都有日間托兒機構，工作通勤的時間短一點，而每個人都可以擁有好的住家，那麼，這樣的世界當然是比較好的。但是我想婚姻還是可能動搖或不穩定，總是這樣的。我們天生不是容易快樂的物種。

保守派認為，人們無法留在婚姻當中或是結不成婚，是道德敗壞的象徵。自由派則認為，那表示我們的經濟系統粗糙而且不體貼。我不相信若女孩十幾歲就結婚，然後一輩子因壞婚姻而受苦，道德狀況就會比較好。我也懷疑當對於同性戀者的偏見如此之強、人們必須掩蓋身分的狀況下，對小孩的養育會比較好。我不確定當父親必須長時間出外工作，而孩子只將他當作嚴厲的人或影子般出沒的人，這樣對小孩的養育會比較好。母親鬱鬱寡歡、內心孤寂的家庭，不會比那些由單親父母組成的家庭好。

而選擇完全不婚，對於人類靈魂的尊嚴反而是進步，不是倒退。正常的表象總是覆蓋著混亂與不安。這沒什麼新鮮的。

婚姻制度既不是道德，也不是不道德的：和一支傘、一座塔或一張紙鈔差不多。涉及道德或不道德的部分出現在婚姻之中，在兩個伴侶之間。在此，問題會變得很複雜，並非宗教或經濟或政治可以解決的，事實證明，它們在這些方面也不是沒有努力過。

在我床上的那人是誰？

我們常會對自己的選擇感到訝異。生涯規劃受到各種眞實事件的劇烈影響，從生病到升職到突發的悲劇——我們幾乎從未獲得我們以爲可以得到的東西，不只在生涯規劃中，也在伴侶的選擇上。最可確定的是，伴侶的個性和心靈，不會完全如我們所預期。人類的心智充滿太多縫隙、秘密、壓力，是佈滿地雷、不足和貧乏的地景，以及隨著日積月累而漸漸冒出的未能說出、無法得知的需求。我們一定會對自己的伴侶感到驚訝，這驚訝有快樂的、也有不快樂的。

三十二年前，我在八月的海邊席地而坐，看著很小的女兒在白浪泡沫間戲耍，像一隻鷸鳥，精瘦活潑。生下她的那次婚姻已經結束兩年了。女兒快速往前衝，潮來的時候又趕緊後退，頭髮在風中飛揚，又驚又喜的小小尖叫聲被拍岸的浪聲所淹沒。我讓陽光溫暖我的肩膀，用手把雙腳蓋在柔軟的潮濕沙中。我戀愛了，我打算再婚。這個人不像第一任丈夫。這個年紀比較大、有智慧得多，他較體貼、較冷靜，不會被我個性中較衝動的部分所影響，他是心理分析師，願意照顧我和我的小孩。想想看，我會有個心理分析師，一個永遠不會說「我們的時間就到這裡」的人。我對他的愛就像一個只有我可以解讀的密碼。現在對我來說，晚間等待他的到來已變成負擔。白天的時候必須克制自己才不會一直打電話給他。有事情發生的時候我只想馬上告訴他。他微笑的時候我會充滿勝利的喜悅。而當他變得疏遠、遁入自己的思考的時候，我會覺得好像俗諺所言，隻腳踏上墳墓一樣。我是不是被拋棄了？我數著每分每秒，直到他再度回到我身邊。我害怕他會不回應我的愛，不像我對他一樣愛慕我、渴望我。但他是愛我的。

即使是在初墜入愛河的當中，我還是在那海邊胡思亂想，這次的結合會有哪裡不對勁？需要多久的時間我才會了解為什麼他需要我而我需要他，我們的愛當中有什麼是不誠實不美麗的地方？因為當時我知道，我已經三十歲了，心靈中的邪魔可能會愚弄我的判斷力，一定也可能製造某種不愉快的意外。當時我知道，沒有一個人是盡善盡美的，而即使我不是完全了解自己的缺點，至少也是愈來愈清楚。我們結婚後，時間會揭露什麼？不管我如何努力，也不是現在可以設想的，再說婚禮也即將舉行了。猶記當時已經不再天眞的感覺。猶記他從後面走向我，還有他兩個孩子的聲音，他們將毛巾披在我身上。我知道我會嫁給他，拿我和我小孩的未來冒險，因爲我希望太多、愛得太多，無法不做，也無法想像沒有婚姻的生活，雖然過去的個人經驗可能會使我退卻。可是我想要更多小孩。我像沙漠中迷失的人渴望飲水那樣的渴望家庭。

但我知道我不了解他，不是眞正地了解他。並非因爲愛是盲目的，而是因爲只有在每日的相處中、在碰到困境時、在可能阻礙我們的試鍊、在關係的權力轉移中，我才會漸漸認識他，而他也才會漸漸了解我。這早期的了解、早期的愛意，祇是序曲而已。我還是假裝能夠煮好一頓正餐，而他也還沒有告訴我他最害怕的是什麼。我還沒有見過他發脾氣。他依然覺得我從未開支票付賬眞是令人高興。我以爲他能矯正我那偏差的女兒，而他希望他那不是很友善的大女兒會接納我。

那時是一九六七年。我逆潮而游，潮浪彷彿挾帶隨心所欲的性愛遊戲、開放婚姻、嬉皮世代和「露西共鑽石在天際」（Lucy in the Sky with Diamonds）（譯註：披頭四合唱團的六〇年代名曲，暗示當時吸毒文化的盛行）之類的夢想。對「家庭價值」的堅持而言，此時可說是個黑暗時代。文化價值漂泊不定，擺盪在一個又一個理念之間。每個地方，權威（不管是政治的、軍事的、學院的、宗教的權威）的臉上都被砸雞蛋，每個地方，人們都黑白不辨、指鹿爲馬。家庭在媒體中似乎處處受到夾擊。

女性也走出來粗言批評。到處所表達出來的憤怒都帶著不屑的哼聲。婚姻再也不是聖殿，反而被視爲危險之所，女人在此可能會因而失去她的身分及個人天賦。我不在乎，或許我並不是太屬於五〇年代的小孩，也或許我不夠狠，無法獨力抵擋世界。

我們在一個朋友的公寓裡結婚。在典禮中，猶太教教士表示他不太喜歡我剛剛出版的第一本小說。我的女兒不肯靜靜坐著，還一直講話，她穿著藍絲絨小洋裝，領口還綴有蕾絲，她頻頻扯我的衣服。我們帶著這三個令人不太舒服的小孩去度蜜月，我們不希望小孩因爲我們的結合而覺得被冷落。回家之後，有些讀過我第一本小說的親人不再和我說話。不久之後，他的前妻每隔幾天就打電話來對他大嚷大叫。雖然這樣的開始不太順利，我們還是決心要讓好的事物在我們周圍滋長，不要在意我們婚姻底下的有毒土壤，第二春的機會都是這樣開始的。

開始的時候我們眞的了解彼此嗎？我們都曾越過一個深淵。我們相信我們無法證實的東西。有意外驚喜，有好，也有壞。

愛情如果持久是落伍嗎？

嫁給這個人到現在已有三十四年了。我們組成家庭，包括他第一次婚姻的兩個女兒，以及我自己的女兒。然後我們又生了兩個女孩。事情沒有我以爲的簡單，我以爲愛情就足以使過程順利，我以爲自己已準備好面對生活上會遭遇的任何事情。其實我沒有。我們一路上遇見許多危機和問題，而對彼此的愛卻無法使之避免。愛情只是使我們彼此團結，在彼此的臂彎裡找到一塊安全的地方，彼此倚靠載浮載沉，尋找出路。

有一天，我沿著公園走在河濱大道旁的鵝卵石路上，看到一隻鴿子死臥道旁，它灰色的羽毛一動不動，只在微風中輕顫。我看到另外一隻鴿子發狂似的在那隻鴿子的周圍繞圈圈，每幾步就停下來啄一啄死掉的鴿子，好像要讓它起死回生。我看著，活著的那隻鴿子圈子愈繞愈快，焦躁苦惱的樣子歷歷在目。那是可怕的景象。完全沒有辦法安慰那隻失去伴侶的鴿子。公園旁的樹很老了，十分高大，石牆的那邊我可以看到河流流往港口，還有紐澤西州高聳的公寓建築。河上有一艘長長的載運垃圾的平底船緩緩朝紐澤西那邊移動。眼睛所及的世界裡，沒有任何東西會在乎這隻鴿子的死亡，

II

兩人世界

童年爭奪戰重新上演

關係結束沒什麼大不了?

對一些人來說，結婚是再生，像兩株樹並立，枝幹相交，一起經歷風吹雨打太陽曬以及季節的變更，不斷向上向外伸展，交纏的根部則深入地底。對於另一些人來說，結婚就像被另外一個人套上手銬，順著被迫的行進路線往錯誤的方向一路顛簸拖拉。看看我們周圍的世界，到處是部落和族群的對立、屠殺、戰爭、種族大屠殺、路旁壕溝中的亂葬坑。現在和以往的歷史紀錄中都有針對實質事物的爭奪，或土地與金錢的政變、革命和搏鬥。自從人類不再居住樹上以來，即連最小的宗教差異也會導致流血或放逐。該隱和亞伯的故事並沒有過時。我們知道，人類要彼此親愛相處或維持同理心，若非不可能，也會很困難。我們不只是成群胡作非為，像撒旦所領導的那群被放逐的天使，我們根本就只希望滿足自己的需求，而我們心中主宰的衝動和權力，使我們不安，驅動著我們，隱藏在我們最珍視的體制當中。不只教會、國家或軍隊整軍的呼籲可以讓我們像小妖一樣在叢林的暗夜中浩盪出發。每個人都私自希望獲得整塊蛋糕，要是只得到其中一片就很難擺平。剷除阻礙者的衝動深植在我們靈魂的基礎上，霍布斯（Thomas Hobbes）在一六五一年所寫的《巨靈》（*Leviathan*）一書就明白指出這點。他說我們需要國家來控制我們野蠻的本性，以及偷竊、謀殺、破壞的欲望。若沒有與國家訂下契約，根據契約放棄部分的自由，那我們可能在無止盡的侵略行爲中呑噬對方，就像叢林中的野獸死得又早又難看。我們控制著自然的獸性衝動。事實上，當我們稱這些衝動爲下流，就是企圖對我們最壞的那部分付出文明控制的一部分努力。婚姻便是文明控制的一部分，目的是控制性慾、使人遵循規矩，以便在社群中生存，將一個男人留在他妻子身邊，而不去騷擾鄰居的女人。有時候是有效的，但有時連體貼而幸運的大衛王也做不到。

一旦結婚，不管這婚姻是始於愛情，還是有如今天世界上其他地方是透過媒妁之言或父母之命，內在的獸也不會毀滅。我們還是希望擁有主宰權，一切爲己所有。我們還是帶著嫉妒、怨恨的惡性，渴望受到注意，財貨、食物皆爲己所有。男人女人有時更願意爲此扭斷對方的脖子。至少有部分的人，或我們自己內在某部分，是軍人、暴民、打劫者和惡棍，電視螢光幕上看到太多這類的燒殺擄掠了。當然有很多是無意識的。我們自己不願承認內在所有的黑暗衝動。如果承認的話，要如何和自己的善惡判斷共存？但這並不意味著如果在內心的隱蔽處悠遊、只是偶爾出現到夢中，惡魔就不會以其他奇怪而強硬的方式出現並壓迫我們。十八世紀的法國哲學家盧梭（Jean Jacques Rousseau）認爲，如果我們都受過適當的教育，就會變成善人，但他也形容過「那可怕的景象、人類的內心」，以及不管願不願意，彼此結合後又會將自己的那部分帶到婚姻當中。我們試著控制自我當中邪惡的部分，但是事情還是會發生、會暴露。我們並非本性博愛，難怪需要離婚之制。

此外還有人性的及宇宙共通的恐懼和需求。我們害怕被羞辱、被拋棄或不被愛，恐懼以各種方式駕馭我們，有些會比其他更痛苦。這些恐懼使我們想去考驗伴侶，逼迫太過、要求太多、操縱對方或太快退縮到自我保護的孤立之地。記得我們都曾經是沒有受到照顧就會死亡的嬰兒，害怕其他手足搶走自己的優勢，害怕母親的愛和注意力會轉移到其他地方。要記得沒有一個人類的童年沒有過受侮或失望的經驗。而現在，成人伴侶的婚姻生活中，舊有感覺再度出現，嬰孩的爭奪戰在新的舞台重新上演。

每個小孩都必須離開父母的保護，變成獨立的個人。這並不是很容易。我們都很想回到媽咪那裡，和她融合在一起，放棄獨立的掙扎。但是我們也害怕得到我們希望的東西，我們懼怕被另一個人所壓制或合併。這些是幼年的恐懼，解釋了可怕的結合、小孩的害怕分離或是無法晚上一個人睡覺。在婚姻中，這些恐懼再度被喚起。我們希望成爲自己而不是他人的一部分，有時候又想要讓自己融入對方，於是或許會抗拒太過武斷或使人不悅的衝動。這需要獨立自主。親密共處的需要也會變成婚姻中的問題。

有些人難以忍受結婚，並不令人訝異。

所有這些情緒的地雷都會讓人生氣。有時候並不是因爲伴侶的某件事情或他沒有做的事情而生氣。我們都有包含著憤怒感覺的內在氣候，可能在某個時間會往伴侶的頭上發作。

如果有人能快樂地生活在婚姻當中，長長久久，那才眞是世界奇蹟。

塔木德經的說法

在塔木德經中，猶太拉比說了，男人只要預先告知其妻就可以離婚。但是他們也說，如果男人未根據建議一周與妻子交合一次，妻子也可以取得離婚。拉比的說法（同情女性，這在中東的文化中是很特殊的）清楚表明，女人的滿意很重要，男人的責任亦然。她有權獲得床上的快樂，以及生小孩的可能性。這讓我很感動。想想看吧！在第一千年時某個拉比就確實想到女性的需求和欲望，而其他的拉比也同意。這些領導者緩和了大部分猶太律法對於離婚的嚴格條件，並提醒人們，婚姻的中心是兩個人，雙方都有強烈的需求和情感，隨時會被傷害、療癒，隨時需要愛慾和情感的撫觸。

這個領導者告訴我們，兩人結合帶來的快樂、互相滿足等觀念，深植在猶太基督教的傳統中。並非隨著宗教改革、法國大革命以及印刷術的發明才出現，在巴勒斯坦的農業小社會中就已經衍生。愛這個字或許沒有附於其上，但是對此的理解是存在的。男人或女人應該對彼此感到滿意，如果不是，至少男人可以做點事來改善。這些古早離婚律法，當然都是偏向男人的利益。隨著帝國的興起和衰亡，這些偏見就隨著文明流傳。即使正派而具有遠見者如約翰・米爾頓（譯註：John Milton，英國詩人，最著名作品為描寫亞當夏娃自伊甸園被驅逐的《失樂園》〔*Paradise Lost*〕，另有大量散文及短詩。對於十八世紀英國詩人影響深遠），與其說將離婚視為女性的選擇，毋寧說是男性改善其不快樂的手段。就像當時以及現代的某些人，米爾頓相信「男人是獨為上帝所創造的，而女人是為了他內在的上帝所創造的。」但那一切都是美國文化當中的暗流。生命中並不是每一件事情都可以用女性主義解讀。今天，無過錯的離婚平等開放給所有人。有錯的一方和無錯的一方（雖說幾乎沒有一方是無錯的）在法律之前都是平等的。

執迷

我的第一任丈夫總會把窗簾放下，睡到中午才起床。我出去工作。我在一家公關公司當接待員。我會掉東西，拼錯名字。但是我深諳和客戶談話的技巧，所以他們留我下來做。那是一份朝九晚六的工作。如果不出去吃飯、不買不急需的東西，我賺的錢就剛好夠維持我們的生活。他在寫作。我們生活的目標、一切事情的重心，就是他在寫作。他說他會像詩人濟慈一樣在變老之前就死去，而且毫無文名。我則相信，如果好運沒有來敲我們的門，他就會死。他的眼裡有某種東西，就像他會躲在櫃子裡，在自己面前搖著一個金屬掛鉤，這樣一連好幾個小時，讓我覺得他眞的會死。我以爲自己被賦予的任務就是維持他的生存，讓他的天賦可以發揮。我以爲自己很幸運，竟在這世界扮演如此嚴肅的角色。我非常渴望帶給他快樂，滿足他那想飛黃騰達的強烈野心。很難形容他的機智和他的美，以及我因爲是他書寫的一部分而擁有的優越感。他投稿，一封退稿的信就會讓他有如受到千刀萬剮。他會連灌好幾個小時的酒，最後離開公寓到紐約最亂的街道晃盪，尋找可能的安慰。看到他如此沮喪、如此不確定、如此接近他老是掛在嘴邊的死亡，眞是可怕。在遭到一家著名雜誌的退稿之後，他拿走我一位富有的阿姨在我們結婚時所送的押花圖案的銀製餐具，到當鋪去換得一大筆錢，每一分錢都進入吧台侍者的收銀機裡。我不在乎銀器。我在乎那個男人。我因為擔心他而腹部絞痛。眼睛燃燒著憂愁與哀傷。我食不下嚥，難以入眠。無法承受他那受到傷害、靈魂淌血的樣子。我可以感受他害怕自己什麼都不是，一文不名，簡直像他的恐懼咬嚙我的心，他的恐懼是我的恐懼，某種程度來說是這樣子。同時我又想到自己，如果我不和他的名聲及成功玩著全贏或全輸的危險遊戲，那我會是什麼？我的一生會如何？像銀器嗎？

自由，苦澀的藥丸

婚姻制度的確限制我們的自由，但是在美國的我們喜歡這個字眼並珍視之，還以此為基礎建立了我們引以為傲的政治體系，我們也知道緊接在六〇年代嘉年華之後，性事上的完全自由導致家庭的瓦解、社群的混亂，和心靈的貧乏。

自由是令人嚮往的美妙理想，但是在家庭裡並非如此有幫助。

婚姻是控制漂泊人性的一種方式，漂泊者隨時準備像獵獸一樣搜尋世界，在暗夜中覓食，取其所欲、棄其所不欲，任其他動物精光的屍骨曝於太陽之下。一旦結婚，我們就是自願放棄聽從性慾所引領的自由。放棄了自己決定要去哪裡渡假、錢花在哪裡的自由。放棄了大至交新朋友、小至喝哪一牌咖啡、看什麼電視節目等的決定權。在婚姻中，自由變爲妥協，那並不是那麼讓人愉快的事情。無代表權也應該有免於被課稅的自由。免於暴君、驅奴者、檢查人員以及軍隊等壓迫的自由。我們就是沒辦法不受彼此的拘束又不會覺得孤獨。但如果和某個我們不想受他限制的人結合，我們也可能覺得孤獨。如果上帝還有重新造人的機會，祂可能會修正這個缺點。

總是可以離婚，不是嗎？

今天，我們不那麼重視婚禮神聖性的部分：在上帝和親友面前嚴肅的發誓。聽到誓言的時候我們習慣交叉手指來祈福，現在誓言已經失去約束力，比較像是對權威者、上帝和國家，表示情感上的同意。

大部分婚禮中的新人感覺不是在聆聽天使的歡欣之聲，他們比較像在演戲，一齣爲親朋好友而上演的時裝劇，他們當然是誠心誠意，卻也保證有脫身之計，這脫身之計可能會降低天使的歌聲，變成像是高中合唱團在畢業典禮上表演「小小世界眞奇妙」。

離婚的可能性存在，是很可惜的事，會將我們和神聖儀式的關係變得廉價，但這也是救命之法，給我們第二次幸福的機會，沒有幸福我們是活不下去的。至少現在沒辦法。事實上自一六四三年米爾頓寫出他第一篇關於離婚的文章開始就是如此，他說：「深繫於孤獨而傷心靈魂的渴望，應該獲得釋放。」宗教改革帶來了婚姻是伴侶關係的觀念，是對抗無情世界的慰藉，將友誼、性愛以及平安帶給結合的兩人。在十七世紀，婚姻仍是唯一允許有孩子的所在，但是孩子並不是結婚或維繫婚姻關係的唯一理由。社會秩序當然很重要，但是除此之外，還有新的想法：人們應該也可以爲個人快樂而努力。米爾頓說，禁止離婚的法律「已經改變了婚姻制度的祝福，變成只是熟人同居的胡爲，不然也淪爲窮愁委靡的家牢，而非提供救贖的避難所。」

這麼說吧，我們這些已經離婚的人，其中包括一億美國人，很能體會那種窮愁萎靡坐困家室的感覺。這可不是芝麻小事，不像頭疼總會過去。七〇年代初及六〇年代末可能曾有一段短暫的時間，離婚的出現像流行，而不是出於根本的需要。但在多數狀況下，離婚是因爲慘澹的家，因爲伴侶關係結束，慰藉不再，而兩人都感覺孤立、分隔、寂寞，經常生氣，可能其中一方或兩方皆開始在婚姻之外尋求解脫。

我在一個烽火連天的家庭中長大，父母常吵架，卻依然維持婚姻關係，因此我很支持適時的離婚。若說離婚對小孩不好，他們在學校和一生中會因爲父母的離婚而表現不佳，這一點我無法信服。離婚對小孩是不好，但是和不快樂的父母住在不快樂的家中也不好。兩種情況下小孩都會很掙扎，但那是因爲他們忍受了一個空氣中瀰漫有毒氣氛的家，而不是因爲父母已從痛苦不幸中解脫，並追求更快樂的生活。如果父母眞的爲自己找到對的伴侶，心靈重獲喜樂與平和，那麼小孩至少有一段時間會生活在有益的環境裡。我不是要低估離婚的破壞力，以及破碎家庭中小孩所經歷的困難處境。只是想說，對小孩來說，與其生活在雙方或其中一人不滿或沮喪的家庭中，因此而長期受到創傷，離婚造成的創傷有時候會比較好一點。前者整天愁雲慘霧，家庭的天花板彷彿壓在居住者頭上，而窗戶總好像透不過光線。

每個人都責難現代社會的高離婚率。主流官員、新教徒、耶和華見證者、猶太拉比、神父、社會學家、脫口秀主持人、心理學家、心理治療師以及政客們眾口一聲。無數婚姻的破裂結局，正暗示著我們做錯了什麼事。我們應該盡力建立更多、更健康的婚姻，但是難以置信的爆炸性離婚率卻也表示著個人的快樂、性的充實與情感滿足、慰藉以及相伴等等的理想，依然存在而不衰。我們並不是憤世嫉俗，反而相當充滿希望。雖然預言可怕，我們却沒有變得只管消費、無謂奔忙、勞碌貪婪地耗在無止境的繁重工作下。我們依然需要愛與被愛，而不論我們如何認定其意義，當我們欠缺了愛、情意，與互助相伴時，我們還是會注意到，並決心不要因爲欠缺而受更多不必要的苦。每一樁離婚都代表一次失敗，接著是一段哀傷和椎心刺痛的時期，但這卻可以變成事情好轉的開始。在這美式的希望中，有某種甜蜜與嚴肅。

看在老天的份上，離婚吧

高中的時候，我在書本中夾了一張記事曆，在記事曆上我把父母發生嚴重爭執以及有不愉快對話的日期標示起來，有些日子我用紅筆打上星號，那代表他們轉而問我，要我說是誰開始吵的，是誰的錯。我知道，但是我不想說。用藍筆標示的日子，是我媽媽躺在床上抽她的駱駝牌香煙，喝威士忌，眼上敷著裝滿冰塊的毛巾，希望可以消除哭腫的雙眼，而她卻無法停止流淚。我想要發現其中的模式，以便想出介入的方法，讓事情不再惡化。記事曆中滿是記號，我卻找不出任何模式。

我和母親到雪拉佛茲冰淇淋店，那年是一九四五年。她的眼睛藏在黑色墨鏡後面。她哭了一整晚，這一點都不新奇。我點了一客黑白蘇打水，她點了草莓奶昔。她告訴我父親背叛她，和她最要好的女友走在一起。她之所以知道，是因爲阿姨在巴爾的摩旅館大廳看到兩人手牽手。當她告訴我這件事的時候，她又哭了。我那時九歲。我並不訝異，之前我們就一直談這件事。我摳著腳上一個結痂的傷疤，那是玩滑板車不小心受傷的。傷口開始流血。我讓血流到襪子上。

「也許，」我說：「你應該離婚。」我的腦海裡出現一個自私的情景。某個星期天父親和我一起吃午餐，只有我們倆人。我想像他必須偶爾帶我出去吃午餐。我也要母親別再哭了。她的臉因悲傷而扭曲。別桌的人在看她，我覺得很尷尬。她又告訴我，如果離婚，所有的朋友都會避開她，她們會覺得她想勾引她們的丈夫。她告訴我，她不能鬧醜聞。她告訴我，她害怕沒有人會要她。我也擔心這樣。我試著安慰她，替她點香煙。她喝我的蘇打水，還能怎麼樣？接下來的十八天，我們一遍一遍重複同樣的對話。我去上大學的時候她試過分居而搬離家出去住，結果又放棄了，回到家裡。他們之間的事變成一種習慣，承諾破碎、期待落空、折磨刺骨的循環。他們因爲她的財富、他的殘酷以及她的無助而牢牢黏在一起。我想人是可能對羞辱上癮的，最後終於習慣受到羞辱，以及隨之而來的戲劇情節。小時候我在一本童書中看過一個插畫，一隻狗和一隻貓從頭打架到結尾。兩隻動物一片一片飛進空氣中，最後什麼都沒有剩下，只有碎片灑在地面上。看在我的份上，他們不需要這麼做，這樣做對哪個孩子都沒有益處。

不應該住在一起的人難以分開的原因很多。我們很容易被自己的不快樂所牽制住。他很殘酷而她是受害者，反之亦然，而痛苦則是雙方某種內在未知的議題。一者尋找懲罰，另一者給予懲罰，一者補償舊有的罪惡，另一者發洩舊有的憤怒，結果就是強大的磁力將兩人拉在一起，不可理喻也不受外在影響。這齣自虐與受虐的舞蹈是將兩個人都銬上手銬而上演的，歹戲拖棚好幾年。兩人都不清楚他們給予彼此的痛苦原因何在、本質爲何，於是也都無法逃離。

數不清的離婚的好理由

有些人離婚是因爲兩人不合適。兩個好人錯估了彼此。有魅力的男人長期相處後才發現其實是個不負責任的草包，要不就是他的妻子原本希望他會照料她的一切，後來却失望了；或者美麗的妻子其實是個乏味的人，第一陣性興奮的熱潮退了之後馬上就變得很無聊。而她又因爲好像沒法取悅他而感到失望。只要他仔細聽她說的每一個字，眼神就變得呆滯，她的作伴讓他坐立不安。然後就是離婚，因爲其中一人眞的不適合婚姻。虐待女人的男人、過於沮喪而無法做飯、工作或照顧小孩的女人、晚餐前就醉酒的男人，性冷感、妄想症、靠鎮靜劑過日子的女人，或者把全家人當作出氣筒的男人。每個離婚背後都有故事，離婚的兩人也都各有自己的故事版本，這版本可能眞切也可能不，但是都是充分的，因爲那故事是他們相信什麼就是什麼。

有時候我們說「多可愛的人」、「我不懂他們爲什麼合不來」，或「他們看起來很搭配啊。」事實上我們不知道他是以什麼微妙的方式制住她的，或者她是如何不讓他碰她的胸部或頭髮。我們對於其他人家裡生活的種種細節並不了解，而通常就是在這些親密事物上的小小不合，使得兩人的心漸離漸遠，最後導致離婚，然後他們的朋友就會覺得非常訝異。馬丁•阿密斯（譯註：多產的英國當代作家，曾任英國期刊 *New Statesmen* 的撰述多年，文章見多種大西洋兩岸著名的英文刊物）在回憶錄中說：「在很多方面，婚姻是只有當事人才知道的秘密。」

要思考婚姻中不快樂的原因有一個困難，那就是，如果我們依賴心理治療的語言來解釋親密關係的微妙協調，那語言似乎太粗糙而不足。治療師辦公室中那些極有見解而且有幫助的詮釋和思考，如果當作廣義的用語在大眾之間談論、應用到廣大人們身上，就會顯得破碎、乾枯、了無生命。小說和故事比較能描繪人們的痛苦，但是好的小說和故事會落入其個自的細節中：「他注意到她不再被惡夢驚醒，然後像以前一樣要他抱著她直到天亮。現在她不再入睡，而是一直看電視，甚至電視螢幕變成灰色，影像被跳動的直線所替代。」如果作品好的話，這些細節確實很鮮明、具挑動性、會喚起共鳴，但是沒有向我們解釋到伴侶逐漸遠離的過程，或者其詮釋不是我們可以緊緊掌握，轉而應用到自己的生活，也不是可以給予我們警告的那種。我們在《紐約客》中讀到好幾百篇故事，在故事中，愛情的開始充滿希望，而其中一兩個角色卻在片刻的領悟中，發現將她或他與這愛情分離的那道裂縫。我們在這些故事中看到眞相，但究竟發生什麼事却還是不太清楚。幾乎就像有一種神秘的疾病感染了現代人，造成婚姻中的不滿、疏離和孤獨。如果這是一種疾病，那就是原因不明，未受診察的瘟疫，而心理學的含糊言語只會使事情更糟，它讓我們產生期待，期待我們應該要了解我們無法了解的東西。

執迷的終了

遲早我會了解那種需要奉獻但不是那麼多奉獻的藝術。實在沒有必要爲了服侍一個藝術家而進行毀滅式的自我犧牲。這樣做可沒有什麼風光的。我一直想要的小孩誕生了，是我工作維持兩人生活、而他只顧寫他的第一部戲劇讓自己成名的回報，小孩的誕生使我看清我們之間關係的淡薄。他在我面前對其他女人獻慇勤。宴會結束後他和別的女人離開而我自己一個人回家。我覺得受到羞辱，也很生氣。我也因爲需要他而痛苦。這些滋味都很難受，也都使我驕傲不起來。我所有的熱情都是在服務一個超級愚笨的念頭。愛得比被愛多是人類最大的災難之一。好可憐的斯旺（Swan），是奧黛特（Odette）的奴隸。好可憐的艾彌爾・耶寧斯（Emile Jennings），在《藍天使》（Blue Angel）電影中他愛上了瑪蓮娜・狄特里屈（Marlene Dietrich），好可憐的梅道・蘇普蘭諾（Deadow Soprano），她不應該那麼愛傑奇・艾普里（Jackie Aprile）的。（譯註：HBO電視影集 The Sopranos 當中的角色）

我在夜半的短暫時分等待丈夫歸來，手指不斷輕敲窗台，聽著底下街道計程車的聲音。一小時接著一小時，我看到街燈改變，而大道上的天際顏色逐漸轉白到如眼睛的湛藍。我擔心他的安危。我愛他，但是我的愛卻失去光澤、受到傷害而變爲痛苦，我爲自己和小孩感到害怕。他的野性絕不是裝模作樣，而我看得出來（任何小孩都看得出來）他內在的魔鬼會把我們都帶到痛苦不幸的深淵。毫無疑問，瘋狂藝術家在抽象層次會比在我這公寓的三度空間中還要吸引人。趨近細看，這個天才會在浴室地板留下嘔吐物，發抖，以及各式各樣的背叛。我終於承認我無法治療他的病。我無法停止某種可怕東西侵蝕他那脆弱的精神。他搬出去之後我解脫了，但是我的心也碎了。我對他又愛又恨。他也解脫了。他本來就不喜歡玩家家酒，之後也沒有來看過小孩。我被我的錯誤所擊垮。愛情死了，但是擔憂仍在。事實上，在我心中的某個角落我總是爲他擔憂。我始終覺得他像一顆殞落的星星穿射我的生命，拖曳出一道燦爛光芒。我一直試著尋找一個不像我父親的男人。我選擇了一個藝術家、屬於垮掉的一代、一個自由的靈魂、一個文人而不是生意人。但是他對小孩的淡漠、他的冷酷，部分是恐怖、部分是無情，在其中我再度發現父親的影子，那個會在俱樂部待上好幾個小時，讓回力球藝更精進，而他的妻子卻在家裡等他回來吃晚餐的男人。搞了半天，我只是在繞圈子。

我覺得自己被貼上離婚婦女的標籤。我爲自己感到羞愧。我想我的一生可能完了。那時我二十七歲。

到牙醫那裡做根管治療也比普通的離婚好

離婚是對於靈魂的一種暴力行動，沒有人能夠輕鬆地從這樣的打擊中恢復。沒有人會故意亂結婚。每個新娘和新郎都是經過漫長的思考，手中只握著半副紙牌也要盡力做最好的考慮。

或許結婚了六、七、八次的那些男女會微微聳聳肩，覺得只有經濟上的安排是這件事情最討人厭的部分。這些人不斷希望下一個平原會更綠，在那裡會發生什麼事情，讓他們可以眞正看到、認識比上次那一個更英俊、更富有、更美麗、更年輕的人，以及被那個人認識。他們拖著遺憾的自我，從一個婚姻到另一個婚姻，像無藥可救的癌症病人看過一個又一個的醫師。但是對那些人而言，他們的創傷不是在於看醫師，而是潛藏的根本疾病。

即使短暫的婚姻結束，也會覺得好像截過肢一樣。

離婚裁定告訴我們，婚姻永遠是一種合併。物品、財產、地位以及小孩都是交易的一部分。誰可以保有家門，誰可以得到那美麗的瓷器。若非如此，理性的人是可以因這些東西而結合的。

要避免離婚，決心是很重要的。你必須有底限，相信家庭和婚姻是不可質疑、不能破壞，是神聖的，而且不論如何都必須如此看待。這對於教會信條的信仰者，會比較容易。他們可能不會想到其他的選擇，雖然我懷疑，其實連他們心中的某個地方也潛伏著一種選擇，因爲在現代社會中，離婚幾乎就是社會規則的一部分，好像棒球比賽中每局可以有六次出局一樣。可以確定的是，即使最虔誠或者最順從的教會成員，也會偏離其誓言。對於快樂的追求、不好的婚姻所帶來的極端痛苦，都會驅使虔誠的人走上分居、離婚，和另外的人建立關係。性的吸引力和誘惑慫恿著我們。逢場做戲的戀情或許會被大部分的婚姻所吸收，但是情感的不忠遲早會吞噬整個婚姻。就像汽車的變速器失靈雖然是意外，下一次的碰撞則可能會讓它爆炸。

婚姻如果要維續，對於約定不容破壞的信仰必須是內植的，而不是單由外在權威所強加，必須是伴侶雙方看待自己和世界方式的一部分。再怎麼說，分開之後的永遠並非只是實驗性質的，並非可以站在牆頭等待天氣好轉的，如果婚姻要長久維持，就必須是絕對的。即使到那時候，還是會有一個壓力點，人們爲了婚姻本身、爲了小孩、爲了經濟因素而待在婚姻之中的決心，在面對分居的迫切情緒需求、離婚的本能需求時，還是會屈服。

難怪像唐納・川普這樣的人需要婚前協議。他們一開始就看到結束，那個開始只是增加了結束的可能性。回到過去最早由拉比統治的時代，猶太婚姻會包含凱土巴(Ketubah)，所謂的婚姻契約。凱土巴不談愛或榮耀，那是關於財產交流的實際契約。內容確保新娘如果離婚後可以保有原屬於其父親的土地、房子以及牛隻。由於她無法自己出售其丈夫的土地，於是凱士巴允許妻子可以放棄對於丈夫財物的法定所有權，由丈夫或她的親戚稍後根據她的利益而出售其丈夫的所有物給她。換句話說，過去當人們還生活在簡單的農村社會中，當大塊頭的律書還少到連小孩都拿得動的時代，人們就預見了婚姻的終結，而婚前協議的需要就很清楚了。你可以用最精美的設計包裝凱士巴，但不能掩飾它一點也不浪漫的用意。

現今，富有的人會擬定婚前協議，希望一旦以甜蜜開始以酸苦結束的事情發生時，可以保護自己的財富不受另一者及其律師的侵犯。我們會懷疑，結婚之前就擬定契約分配財物和金錢的作法，對於新娘和新郎會不會有任何影響。它當然會使警鈴開始倒數計時。但話說回來，爲什麼不做婚前協議？或許這可以讓你不必去面對離婚法庭。羅曼史本身是美好的，但是成年人要面對現實，而現實會造成的結果可不只是婚姻會搖搖擺擺跌跌撞撞，金錢和財物都不是旁枝末節，而未婚人士和婚姻中人一樣不能靠空氣過日子。已婚的人經常會透過物質動產和不動產來表達他們的憤怒、進行報復、尋求補償。

成人爭奪小孩，利用他們去傷害不再愛了的另一半，絕不是什麼有尊嚴或善意的事情。很難相信有人會對自己的小孩做出一些事情，以便得到最後一分一毫，好羞辱對方或使對方痛苦。如果貪婪是一種情緒，這便不只是貪婪而已。唐娜•漢諾瓦（Donna Hanover）拒絕讓她的小孩和魯狄•朱里安尼（譯註：Rudy Giuliani，紐約市前任市長）的愛人見面；或者妮可•基嫚威脅要把孩子帶到澳洲，不讓他們和湯姆•克魯斯接觸；有位社交界的女士堅持一年要拿到五十萬美元，才能讓孩子過舒適的生活；或者律師在法庭上花了好多時間，爭奪花瓶、戒指、存款戶頭等等的東西。這些狀況，都是爲了爭取象徵性的賠償：如果可以阻止你擁有某項東西，或者如果我從你那裡拿走的東西比你從我這裡拿走的還多，我就不會受到傷害。

背叛的報復。失望的報復。這並不奇怪。我們誰不曾渴望一點報復？

如果把離婚的訴訟看做戰場上流血士兵之間的武裝搏鬥，我們就會了解，就像其他的戰鬥一樣，兩方都會受傷，夢想破滅了，而接踵而來瑣碎而可怕的口角，事實上是要讓被貶低的自我多一分力量，並企圖削弱對手。發動這些戰鬥的情緒，半爲憤怒、半爲恐懼。鬥爭雖然醜陋，卻不盡然是我們粗俗的唯物主義在作祟，而是凸顯我們混淆金錢和情感的能力，在無生命的物品中灌注我們所沒有的權力。我們把物品和愛情混淆，讓離婚律師從中獲利，就像把甜點和平靜相混淆，而讓糕點師傅從中獲利一樣。

在今天，離婚並不是一個很嚴重的汚點，但還是會對兩性造成廣泛的社經上的影響。今天沒有人會因爲離婚而在社會上遭受嚴重傷害，但許多人却因此變窮。許多離了婚的男人或女人東西會更少——財產更少、對未來的希望更少、勇氣更少，自信也更少——而且要經過很長的時間這些東西才會恢復原狀。

與生活同在的混亂、社會秩序的闕如、通姦或經由法律途徑甩開伴侶的輕而易舉，整體而言似乎並未增加我們的幸福。我們有自己的問題，而這些問題又變成小說家的飼料。當社會變得更開放，離婚更可以被接受時，我們就好像一把蒲公英，每吹來一陣惡意的風就四處飛散。這種背叛的事情成了進步。

不過我還是要歌頌離婚。那是活門，讓被束縛的兩個人可以從婚姻的不快樂當中解脫，從米爾頓所稱的「上帝所禁止的孤獨」中解脫出來。

這不是天眞的宣言。我很了解全美國到處是寂寞的離婚男女，經常無法找到其他伴侶的女人很多，她們沒有伴侶帶著薪水支票回家，她們必須奮力扶養子女，孩子生病的時候在廁所撐著他的頭部，她們無法陪小孩玩接球遊戲，或讓他有機會發展對海洋生物的興趣。我知道在兩個家庭中來來往往，會使小孩容易受傷、感覺不穩定。我知道拆散的家庭可能會失去家、失去安全感和希望。離婚實在不是什麼值得慶祝的偉大或美麗的事情。它記錄著失敗。對於要重建生活的兩人而言，這常常是一段艱困掙

III

浪漫 vs. 現實

妳的婚姻 copy 了父母的相處模式嗎？

愛情——喔，拜託別逗我笑

美國是個相信浪漫的國家。畢竟，我們還有個專屬於情人和巧克力的國定假日呢！因此當婚姻失敗，我們會談論失落的愛情和凋萎的羅曼史。愛情蒸發了。的確，就像湯姆．史托帕德（Tom Stoppard）在他的戲劇《愛情的發明》（*The Invention of Love*）中所說，抓住愛情，就好像手中握著冰塊。它沒辦法保持冰塊狀態很久。最初激情的色慾吸引力、隨著這吸引力而來或獨立存在的溫柔情感，我們賦予它一個字眼——愛。愛是西方文明給予我們的贈禮，因爲我們在森林中迷路，因爲有那麼多選擇，而我們必須爲自己錯誤的決定負責。愛情至少和聖經一樣古老。雅各不是愛著瑞秋，而不是利亞嗎？強納森不是愛著大衛而大衛愛著拔士巴嗎？（譯註：典出舊約聖經）個人對於伴侶的情愛，不管是瘋狂、令人目眩的情愛，還是較穩重、較冷靜的愛，都是西方婚姻中重要的部分，縱使有手握冰塊的效應，縱使最激烈的愛情會讓我們盲目。盲目的愛情並不是解決外遇的好方法，交出自己，和一個特別的人走下蜿蜒的山路，好好一起散步吧。

如果你像大部分的美國人那樣，是爲愛情而結婚，你就是帶著祈禱展翅飛翔，而如果沒有受到愚弄，做出你原本不想做的事，你就是個幸運兒。

艾瑪・包法利和浪漫愛情的危險

艾瑪‧包法利是福樓拜（Gustave Flaubert）在一八五七年所寫的小說當中的主角，法國北方一個農夫的女兒。艾瑪在修女院長大，一心渴望經驗愛情偉大迷人的一面，那是她透過小說和宗教教義而得知的。她相信美以及愛情帶來的轉化，但是她對愛情的印象卻綜合著精美服裝、堂皇馬車、金錢及熱情。而那熱情並不踏實，是那種在秘密中燃燒，一心渴望自己的靈魂被牽引到比感官歡愉更高層次的激情。事實上，可憐的艾瑪嫁給了一位既不活潑又不特別有野心的鄉村醫師。她很快就了解這不是她等待的愛情，於是她開始背叛他。這個故事有一個悲傷的結局，或許可以說是道德的結局。她的愛人，魯道夫，是當地一位富有而粗魯的年輕人，但就在她決定與他私奔的前一晚，年輕人和她分手。她第二個愛人是個叫做里昂的年輕律師書記，後來證明根本不值得她愛，而她卻必須獨自面對經濟的徹底失敗，因爲她借錢又貸款去購買超出家庭資力的精美物品。與前一個愛人分手時，艾瑪幾乎因爲腦膜炎而死去。第二次，她眞的死了。

她說謊、欺瞞、借錢，都是為了讓這些外遇戀情繼續下去。她不喜歡她的丈夫、對小孩冷淡，最後從當地藥劑師那裡偷了砒霜服下自殺。女人把愛情和色慾的後果變成生命中所有事物的核心，艾瑪就是最典型的例子。她所追求的那種過度浪漫的激情，是奠基在錯誤認知、幻覺，和欺瞞之上，因此只會導向不幸的終結。查理·包法利的愛不只盲目愚蠢（雖然也有可愛的地方），也是他自己架構出來的幻覺。他從來不知道他的妻子實際上是怎樣的人，而當他發現她是如何背叛了他，生存的意志便一去不返，他死於震驚和悲傷。

在這部作品完成一百五十年後的現在，我們要如何解讀這作品？有些人對艾瑪·包法利表示同情，因為她夢想過更精緻、更有文化素養的生活，卻發現自己的生活並非如此。有些人贊同她對於美的情感、美的事物、更高社會地位的渴望。我們可以把她看成是社會階級制度的犧牲者，是父權社會的犧牲者，而性的冒險在這社會是女人唯一可以嘗試的冒險，性是她唯一的機會大道。但是這個觀點又太過簡化了。

艾瑪實際上是浪漫愛情的代言人，錯失了生活的重心，以膚淺的想法取代眞實的情感。她沒有眞正愛的能力，無能擁有那種面對逆境試鍊的愛情。她算計、操縱，殘酷對待那些最容易受傷的人——她的丈夫和小孩。她不需要婚姻的治療，她需要的是新的靈魂，剝除了時代風尚的新靈魂。她需要離開情緒的溫水池，她在其中浸泡太久，連心都起皺了。

從各方面來衡量，包法利夫婦的婚姻對每個人都是一場災難。在許多方面，這本書是所有關於浪漫情感的指控中寫得最好的一本。但是因爲我們將艾瑪的愛情方式視爲愚蠢，甚至可能是邪惡，我們是否也應該全盤重新思考對於浪漫愛情的想法？生活中不要只因爲某人的按鈴、上樓、馬上就會進房來，而心跳加速、小鹿亂撞，這樣會不會比較好，會不會比較聰明？

還有莎士比亞的《如你所願》(*As You Like It*)。言語尖酸刻薄的女主角羅莎琳說：「愛不過是瘋狂，而依我說，你也應該像瘋人一樣被關到黑暗屋裡鞭打一頓；但你並沒有受到這樣的處罰和治療，是因爲失心病太普遍了，連鞭打者也戀愛了。」對於戀愛過的人，這一定不是什麼新鮮事。但是除了機智和才華以外，浪漫愛情現在也被視做必要條件，是婚姻的底線。浪漫愛情混合著性的慾望，而沒有了它，我們就會認爲這樣的婚姻是欺騙，或頂多是「實際」，說這個字的時候還會搖搖頭，好像你在餐廳裡點了牛排，送來的卻是一盤菜湯。我們和艾瑪一樣相信浪漫愛情。但是我們還有安全網，以接住墜落愛情之外的人。我們有諮商時間、海邊林中的療養地，是由牧師、拉比、神父等所主持的。我們有婚姻治療師和個人治療師、諮詢專欄作家、互助團體以及電視脫口秀。在這個文化中，你必定是聾了或盲了才會不知道：初戀建立起來的關係只是通往地底深根之結合的一小步，而那根部的結合必需夠深，才能抵擋往後的風暴。浪漫愛情、燭光晚餐、私通、秘密和激情，在今天如同福樓拜當時在書桌前解剖檢驗的一樣，對於靈魂的和諧都會造成危險。現在也和當時一樣充滿誘惑，而且可能更無法避免。

艾瑪・包法利受到她閱讀的小說的影響，那些小說中男人輕而易舉贏得女人相伴至夜深。她受到戲劇和歌劇的影響，而把可以購得的精美事物和男人對於女人的真情溫存相混淆。請設想如果艾瑪去看電影，看到湯姆・克魯斯俯身向葛妮斯・派特羅（Gwyneth Paltrow），或者克拉克・蓋伯在克勞黛特・考伯（Claudette Colbert）耳邊低聲私語。想想看如果艾瑪在白天看電視肥皂劇，那她會使自己更早、更快捲入毀滅當中。美國文化總是讚頌著浪漫事物，却把它和牛仔褲後面的品牌名稱搞混。光是香水就創造了好幾卡車的艾瑪・包法利。靠著昂貴配件編織浪漫夢想，對於年輕人的健康和幸福特別危險。情況已經變得比艾瑪那時候更糟了。

無聊——對我們有什麼影響

婚姻主要的危險之一，不是一般的危險，而是藏在一灘止水當中，婚姻就可能變成一池淺水潭。如果同樣的鳥和同樣的青蛙天天來池邊喝水，如果同樣的水草一天又一天以同樣的方式在同樣的微風中沙沙作響，而光線從早到晚、從冬天到夏天，隨著時間變化，同樣的過程，一季又過一季，如果蟲在水面下蛋，再自幼蟲迸生出新蟲、長出翅膀飛翔，一季又過一季，同樣的蟲、同樣的幼蟲、同樣的飛行，那麼過一陣子之後，你就很難再注意到池塘了，也看不到晨曦初現時微妙的色彩變化。因爲愈來愈不容易看見池塘，於是我們眼睛梭遊整片地景，尋找什麼不平常的事物，什麼新鮮的事物。如果我們被迫像隱士一樣生活，在池塘旁邊、有池塘以及池塘的居民作伴，我們可能會變得懶散、內心停滯、不想動、不會興奮、感到乏味無趣，就像一灘止水，如池塘內的石子，慢慢被侵蝕。

平凡的生活，早上起床、沖壺咖啡、出去拿報紙、等廁所空出來，鄰居割草機的聲音，或門房說的「早安，天氣不錯」，這些都是侵蝕浪漫愛情的部分因素，興奮之情的終結、愛慾因素的消退。最初的興奮刺激所誕生的孩子，可能使這種外流、枯竭、無聊和平凡更添一樁。接傳球的遊戲、沖泡麥片、換尿布、同樣的故事書唸第五百遍，日復一日必要的事情，上超級市場、裝滿一車東西再從車裡搬出來、洗浴缸、看牙醫、每天要為全家做的事、魚缸換水、澆花和盆栽。這些工作並不費力，也不討厭，而是家庭的建立，家庭單位的建立過程是單調的。

家，並不是如天啓般平地一聲雷的出現，它需要比六天更長的時間，它是藉著每天每天做一些事才能建立，打電話、安排看戲約會的日子、指導課業、眼科醫師、打掃走廊、幫狗狗買滅蚤項圈、收拾星期六晚上吃剩的東西放在冰箱，修理燃油器、滑板車、洗衣機。這些都是每天的工作，是讓手中的冰塊融化的熱氣。浪漫愛情在尋常日夜的遞嬗中並不會永遠待在高峰。

在這裡，艾瑪的故事再度直指問題的核心。她是修女院長大的女孩，靈魂中充滿光彩熱情、多采多姿的片刻、對於偉大浪漫情事的激切嚮往。在嫁給鄉村醫師查理之後，她的生活馬上安頓下來，例行工作、無聊的對話，和每日同樣的動作。她沒事可做，就看著雜貨商關店、郵差從門前走過、店員開門關門。沒有外在的刺激、也沒有一點裝模作樣的熱情、眼前沒有什麼崇高美麗的事物，於是她變得很不快樂，無聊佔據了她的日子，就像癌症威脅生命。

那個時代婚前不能跟伴侶同居，聽到門鈴聲響，以及求愛者來訪的興奮期待進入婚姻之後，幻滅感立即隨之而來。浪漫愛情的精采濃度無疑會被平凡所稀釋，看到牙刷衛生棉，看到聞到眞實的人體，健康的生病的，日復一日平凡無奇。這種平凡可能毀滅一個好點子，婚姻在期盼中誕生，但並非注定永遠如此。

現今許多婚姻都是在幾年的共同生活之後才結合，有些考驗在許下誓言、結爲連理之前就開始，並未對心醉神迷的歡愉產生夸夸幻想。那些幻想折磨著早先時代的婚姻，更將艾瑪・包法利帶上毀滅之途。現在，性已經不是什麼驚奇。如果伴侶哪一方不願意或無能，也不太可能會對另一半造成突然的打擊。

約翰・羅斯金（John Ruskin）這位著名的英國十九世紀詩人兼評論家，在三十歲的時候娶了他朋友十九歲的女兒。這樁婚姻沒有圓房，七年之後兩人分居。不管是不是性的壓抑、無知或不情願，導致這樁婚姻失敗，我們不得不想，如果結婚之前兩人有機會玩一玩，是否能避免這樣的不幸。英國小說家喬治・艾略特（George Eliot）有一位支持她的親愛伴侶，喬治・劉易斯（George Lewes），劉易斯去世後，小說家五十多歲時，開始和一位小她三十歲的文人談起戀愛。他們結婚，到威尼斯去度蜜月。婚禮當晚，他看到妻子坐在床上等他時，竟從窗口往底下的運河跳，嘎然結束這段婚姻。

這是另一個時間和空間的故事，那時，性是黑暗、骯髒、不能被談論的，到處都有宗教的壓制，許多人有著奇怪的癖好，是不能在餐桌上或小報上討論的。

在MTV和後文化革命、反挫之類的年代裡，美國大多數地區都已經很少有處女或處子之婚，另一性的生殖器不是什麼最終最偉大的神秘，而是生活中的事實，是在街角商店的雜誌裡都可以輕易發現的。性的故事不是只有大人看得到，很多剛剛才要進入青春期的少男少女也可以買到，不要太介意。這不是說現代的配偶不會發現性的問題，只是他們很少因爲配偶的性習慣、興趣或欲望而感到震驚或訝異。

但是平凡、依賴性，以及同樣的姿勢和碰觸，的確會削弱接觸時情慾的狂喜。如果一對男女一週做幾次，也許很多次，性也不會失去愉悅、使人結合而造成肉體歡愉的能力，但的確會失去一些料想不到的甜美感、另一個肉體的新鮮刺激以及這個特殊身體使你有所感覺的方式。性與愛的結合的確是非常美妙的東西，而婚姻中的性可以歷經六、七十年之久都仍是歡愉，只要兩個人體還活著就有可能，但是不管婚姻手冊如何告訴你，你還是會經歷重複同一的狀況，因而變得不那麼刺激。這在某些婚姻中會導致問題產生，讓人面對誘惑時游移不定，開始尋找新的人新的事。平凡使性變得輕鬆，熟悉使性更美妙、更舒適、更好，但是陌生感也有其強烈的誘惑力。

在婚姻中，這些例行公事是威脅也是舒適，更甚於兩個人未婚同居時。後者的安排尚未獲得國家或教會的認可，也還未正式知會父母兄弟姊妹等，雙方都還保有自己的銀行戶頭，這時總是還帶有試驗性質，有可能的退路、分手的威脅，櫃子裡有一只皮箱可以隨時打包走人。即使兩人在一起很快樂，彼此深愛對方，也正朝向更長遠的連帶關係發展，前述的事實還是使得每件事都更刺激、更有試探性，結局開放。星期天在某家咖啡館吃早午餐、帶狗去看獸醫，或解決爭吵的方式，都一樣。

通常過了一陣子，某一方會開始將兩人共處的狀態導向婚姻，而這本身便會造成緊張，在渡假計劃中、晚宴派對上，小至換購新浴簾，大到要不要小孩的討論裡，這股緊張感都徘徊不去。有些人基於政治原因，就是不相信婚姻，好比女性主義者、無政府主義者、社會主義者、波希米亞族等等，他們覺得自己的生活才剛剛脫離國家或教會那些亂七八糟的妖言惑眾呢。但我想事情可能更複雜。他們可能一隻腳已經完全獻給另一個人，但是一隻腳却還懸在空中。害怕被另一人吞噬、吸收的恐懼無法散去，在兩人關係中創造出一股拉力。這種無婚姻狀態可能是爲了強固自己以抵抗結婚後每日生活的單調無趣，但也可能閃躲了讓內心富足的機會。

除了性習慣之外，還有其他種類的熟悉感也會給予婚姻壓力，讓人心智呆滯，減弱配偶之間的刺激電流。他偏頭痛、她不斷抱怨她的母親或他的父親、他對工作失去興趣、或她對他的工作失去興趣，使得兩人在回家之後打開電視機，每晚坐著看，連批評也懶得說。她對於小孩生活的種種小事更有興趣，誰在足球比賽裡得分了，誰不應該去學芭蕾舞。而他老將那固定不變又太過熟悉的政治觀點掛在嘴邊。她害怕那曾經是那麼迷人的震撼電流，現在變成負擔——她或他無法使收支平衡——這些在婚姻中重複出現的刺激因素，都可能變成常態，而不是主要的問題。就像池塘中的雨，偶爾落下，但是逐漸累積升高，危及婚姻的幸福，以及配偶彼此訂定契約的新鮮度和眞實度。如果每天每夜所發生的任何事情都是很熟悉的，絲毫不需費心或努力適應對方就可加以掌握，如果每一件事情在之前都做過說過，婚姻的心臟就會逐漸無力，跳動也更微弱。

我們去看電影、看電視，螢幕上只有戲劇事件、懸疑、恐懼和解決。生活裡大多數時候沒有監視敵人、追捕持斧謀殺者、急診室裡救人一命等情節，比較起來現實生活可能令人昏昏欲睡、過於緩慢而單調。但現實世界就是這樣。即使有洗碗機，每天晚上還是有盤子要洗，要帶狗出去蹓一蹓，離家在校的小孩打電話來，或者在家的小孩做惡夢需要安撫。規律的日常工作總是家庭生活的一部分。我想即使生活在洞穴中，還是要把骨頭丟出來，要餵小孩，要生火熄火，要汲水，還有每天都要做的打獵、採集活動，來來回回走同樣的路。在那時期人的壽命不超過三十歲左右，所以顯然生命時間比較短，還不足以讓生活的例行公事變得單調乏味。

如果你曾經因爲大大小小的原因住過院，幾天之後你回到自己的家，在電冰箱架子上往常的地方看到美妙的橘子汁容器，看到窗台上你澆水澆了上百萬次的盆栽，看到那條舊藍被單，還有起居室裡沾了咖啡漬的靠墊。你享受這景象，對於你世界的樣貌和物品感到很滿意，渴望像往常一樣照料他們，渴望回到熟悉。單調乏味將我們驅離，威脅我們的婚姻，但同時我們也因爲事物的規律性而感覺幸福。眞是矛盾，你一把握住人性的咽喉，有時候簡直難以呼吸。

如何讓你的伴侶保持興趣

雜誌、性治療師和脫口秀大師都會建議我們，如何讓伴侶忠誠、集中注意力在你身上。從長遠的觀點來看，所有這些建議都只是增加我們生活週遭的噪音汚染。減掉多餘的十磅體重、穿性感的內衣、嘗試新的姿勢、忽冷忽熱增加情調、不帶孩子去渡假，可能是好辦法，但是不會阻止人年華老去，也不會阻止規律的日常生活侵蝕你的愉悅。沒有人想出如何不讓白天的失敗、壓力、疲憊等等的跟著上床。如格言所說，絕對不要帶著怒氣上床，但是對大部分人來說，如果將這句格言照單全收，只會導致嚴重失眠。人們一直嘗試提出辦法，讓注意力保持在高點，作爲維續婚姻的長久之計。一七二七年，強納森．史威福特（**譯註：Jonathan Swift，《格利佛遊記》作者，也是他的時代裡最尖銳的諷刺散文家**）寫了封信給一位即將結婚的年輕女子，伊麗莎白．莫爾（Elisabeth Moore）。他寫道：「您生命中的偉大愛情，就是獲得並保有您丈夫的友誼。」如果我們將史威福特這句雖含糊但明智的建議應用到現代男女身上，肯定會名列教人「如何」的暢銷書榜首。

他繼續告訴她一則含有告誡意味的故事：「有位和善的紳士談到一位社會地位頗高的愚笨女人，他說她簡直令人無法忍受，除非砍掉她的頭，因爲他的耳朵會被她的舌頭給冒犯，再切掉他的鼻子，才不會因爲她的頭髮和牙齒而作嘔。」不談這裡的性別歧視（當時沒有牙膏和除臭劑，男人聞起來也可能很臭），史威福特所關心的注意清潔衛生，應該是永遠有效的建議。當代對於其智慧的回應，不過是企圖販賣個人衛生產品。事實上，好好洗澡就勝過六個月的婚姻諮商治療。

史威福特不是女性時尚迷。他告訴年輕的新娘，和衣著相關的對話很乏味，並提醒她們「穿襯裙不會使你更有錢、更美麗或更聰明，其實跟掛在衣架上差不多。」意思可能是說，穿任何一件老粗布衣都可以，個性才是最重要的。這種情緒性言語我們大可以忽略。性的慾望和外表是有一些關聯的。我們的外在透露出內在，而靈魂在枯燥的想像中只會更暴露。我們穿什麼、看起來如何、如何打扮自己，都很重要，只不過那不是全部的重點。調情有些時候就像小小的餘火，曾經煽得火紅，在結婚很久以後還是可以被煽動，一件明亮的恤衫、一只閃爍的手鐲、一件薄紗，都足夠燃起星火。雖然美麗不在，而半老徐娘無法和初次登台者比美，老男人無法奮而勃起，但是人的性衝動是很精妙的，如果不是受到痛苦不幸、憤怒或背叛的阻撓，就有辦法重新引發記憶，再度挑逗、喚醒另一半。

愛情模式、重覆、迷宮，及其他不好玩的遊戲

我認識兩兄弟，母親是移民，非常愛他們倆。但是她生性陰鬱，有毀滅性命的傾向。她深信丈夫欺騙了她。她深信送牛奶的人送來的牛奶瓶數不足。她覺得商店老闆一定少找她錢，鄰居一定常常在背後說她閒話。十七歲的時候她獨自一人到美國，無母無父，她經常懷念他們以及她所遠離的家鄉。她極端憂鬱，會無端地生氣，像是針

對她在赴美過程中所承受的失落，她以爲人家一定在笑她。她總是一臉哀戚，有時候還無精打采。好似有一片憂慮和懷疑的烏雲無時不刻地跟隨著她。她很少笑。很容易就指責別人對她做什麼壞事。她窮而且厭惡她的貧窮。這也讓她腳步遲緩、心情沉重。

她的小孩長大後，兩人發展迥異。老公成爲律師，在郊區有房子。老大在學校的表現一直不是很好，他待在舊家附近，是逐戶推銷的售貨員。大哥娶了一位美麗的妻子，身材高䠷，很會跳舞，而他母親則矮矮的，也從沒學過怎麼跳舞。他們的第一個小孩出生以後，這個妻子却開始變得很抑鬱，嚴重的憂鬱症之後接著經歷了一次徹底的心靈崩潰，然後不斷進進出出醫院，四十歲出頭時自殺身亡。

小弟是長春籐名校的法學院畢業生，差不多在快過三十歲生日的時候才結婚。妻子畢業於史密斯學院，他認識她的時候，她是社會學研究生，師事一位極有名望的社會學家，這位社會學家很欣賞她，認爲她的前途不可限量。她身材矮小，像男方的母親，但是見過世面也懂得世故。她很喜歡到歐洲旅行。會彈鋼琴，而且上卡內基音樂廳聽莫札特蕭邦的音樂演奏會。小弟娶她的時候非常愛她。他知道她很焦慮，每次做什麼決定都容易把事情看得很大，不論是買一盞燈還是挑選夏天渡假的好地方，做個決定有時要花好幾個小時甚至幾天的時間。他知道她不是生性冷靜或平和的人，但他覺得如果他們結婚，她就會感受到安全舒適，她的擔憂也會消失。事實上，結婚幾年之後，她變得對他所做的每一件事都不滿意。雖然有他的鼓勵，她還是放棄了博士論文。她會因爲很小的事情就對他發脾氣。她漸漸懷疑他對她的愛意，也沒有辦法爲朋友來訪準備晚餐，因爲她深深陷入自己織成的完美主義的網子。他所娶的這個女人，同樣有著嚴厲且逐漸傷身的荒蕪心靈。

這兩個兄弟，生活如此不同，在選擇妻子的時候却很類似，幾乎可以說是一模一樣，妻子都像他們的母親，心靈騷動不安，與她們相處會變得無法忍受。兩兄弟結婚的時候都是深愛著妻子。他們的選擇是出於熟悉，妻子都很像他們的第一個愛——母親。他們不可能知道，但是愛正誘使他們走向他們不應該走的方向。事情狀況簡直不可思議，我們在當下複製了過去烙印下的汚點。

你永遠不知道，永遠不會眞正知道，你愛的人是不是眞的值得你愛，或者他只是某個舊有模式的替身，重複你生命中和媽咪爹地某種原初的不幸關係。時間會讓答案揭曉。我們的婚姻是冒險，結婚就像攀岩者把腳放在下一個更高的凸出處，只能盼望，眼下也沒有其他選擇。在《仲夏夜之夢》中，提坦妮雅（Titania）因爲淘氣的惡作劇而愛上一隻驢子，她被情緒所愚弄，無法區別驢子和仙界的國王。我們陷入情網時，通常就是這樣對自己惡作劇，判斷力失去控制，在一個又一個幻覺的濃霧中步入婚姻。在古典世界中，愛情化身爲帶著翅膀的孩童邱比特，背上負著一袋箭，悠遊來去。在現代中，這形象已被轉化爲情人節禮物上可愛的裝飾，送給五年級的同學，但是這形象觸及古老的殘酷，愛神的箭是尖銳的，肆意發射，目的只是好玩，其他一概不管。被尖銳的東西射中了——我們可能不喜歡這樣說愛情。但是通常只有打獵和戰場上才使用的箭，在這裡却用來傳達跟隨愛情而來的身體和心理的衝擊。在這最混亂的情緒中，良善和溫柔的缺乏，還有孩童邱比特以弓對準的景象，都告訴我們愛情是多麼幼稚的情緒，會帶來多深的創傷。

我第一次婚姻的對象，是不管我怎麼努力讓他過舒適生活也不會珍惜我的男人。原因很多，我的外在不對他的味，我的種族不對他的味。也許在他生命中的那個時刻，沒有人可以接近他。他很狂野，陷在自己絕望的恐懼中，有點像我帶了一頭羚羊回家，然後要它安靜地和我坐在沙發上一樣。羚羊在驚慌的時候會本能地抬起後腳、拱起背，然後衝出門外。我的第一任丈夫就是這樣。我父親娶了一個身體上他不喜歡的女人。他經常這樣說。我母親則嫁了一個無法成爲她心靈伴侶或朋友的人。父親在家的時候也像一隻困獸。他吼叫，狠咬餵他食物的手。我父親是誤入了歧途。我丈夫也是，雖然他們的錯誤看起來很不一樣，因此我沒能立即辨識出兩者的相似性。其實模式到處可見，代代相傳，可能會有好消息，也可能有壞消息。選擇結婚伴侶的自由並不像我們所想的那麼自由。

家庭治療師會製表並仔細向我們說明，強勢的女性和弱勢的男性結合，或者倒過來，會世世代代反覆出現。他們會告訴我，母親女兒，父親兒子，如何對他們的配偶做出發生在父母身上的事，或是對自己的孩子重複自己童年時的創傷。這種作風、情感、戲劇情節在多年後重複，簡直是太神秘了。事實上，有些治療師對這種反覆深信不疑，不但才是神奇，而且可能有點太誇張了。還有其他因素造就我們，我們也有其他的選擇。人性太複雜了，不能簡化爲流線圖表，不管這些圖表有多方便好用。無法否認的是，過往會一直存在。小時候知道的事情和熟悉的狀況，容易潛入我們現在的生活。越過肩膀往後看，總會看到一些東西。或許這可以釐清前面的道路。

大多數受困於不快樂婚姻的人並非是自己不當價值或行爲的受害者。錯誤其實是和他們生命的線相接合著，他們循著這條線回到米諾陀（譯註：Minotaur，希臘神話中牛頭人身的怪物，被關在克里特島迷宮中，每年要吃掉雅典送來的童男童女各七名）的迷宮，並陷入其中。他們肉身柔弱，心靈背負諸多重擔。好人會遇到眞正的困難。

和對的人在一起也會發生問題

讓婚姻受挫的方式有很多。強悍的女人和柔弱的男人結婚，因爲她喜歡做主，但是不久之後她也無能爲力了。男人娶了一個乾淨整潔的女人，他喜歡這樣，但是不久之後他就厭惡她處處挑剔他，還有她對灰塵的潔癖。美麗的女人竟變得小家子氣、心胸狹窄。婚姻中會發生不好的事情，像是小孩生病或者失業，男人避著妻子，療自己的傷。假如他因爲事業失敗，灰心喪志，而妻子瞧不起他，會如何？假如她想看看世界，而他却想待在家裡呢？假如她使他覺得自己無能，像個小孩一樣脆弱，又會如何？冰塊會在瞬間融化，你手上還會剩下什麼？

人確實會逐漸對彼此感到厭倦，而當年輕的花期結束，便無法再愛了。人的確有無人可以滿足的需求，而將隨之而來得不到滿足的無愛感覺，都怪在伴侶的無能上。婚姻令我們失望，理由有好幾百萬個，但是我們却常常在另一半身上挑毛病，忘記自己的眼中也會有塵埃。

性：扳手、黏膠、未知的因素

愛狄斯・華爾頓（譯註：Edith Wharton，美國作家。生長在慈父嚴母、重男輕女的家庭，自幼受「女子無才便是德」的灌輸，卻透過文學創作及發現自我與性慾。重要作品有*The Age of Innocence*，曾拍成電影純眞年代）要嫁給泰迪・華爾頓（Teddy Wharton）的時候，她憂心忡忡地問她的母親，什麼是婚姻？我會發生什麼事？她母親則守口如瓶：「這是個噁心的問題。」而這就是她到洞房花燭夜之前所知道的所有關於性的事情。我們會覺得，之後的事情就不會這麼好了。

文明的精緻事物、高等社會的複雜規範，都有效地爲我們的獸性本能套上面具。連歡愉的性生活都無法在壓抑、無知和隨之而來的否認中存活。愛狄斯・華爾頓在結婚十五年之後才發現她本性中愛慾的一面。

佛洛伊德的見解跨越大西洋，班傑明・斯波克的作品（譯註：Benjamin Spock，美國醫師，專研小兒科，其關於孩童照護的書籍十分暢銷）家喻戶曉之後，才比較有可能在婚禮之前向小孩解釋性的問題，更別說要到一九六〇年代，婚前性行爲才像粉刺一般常見。在維多利亞時代（譯註：指英國維多利亞女王在位時期〔1837-1901〕，但這個時期的社會特徵及觀點都不只限於形容當時的英國，更擴展到歐洲美國及其他地區，時間也不限於維多利亞在位時期。此時期的語言特色是在報章和一般中產階級家庭對於強烈或明確指涉性的語言之使用，之後「維多利亞」泛指禁慾、偏執、狹隘、矯柔造做的心態及性壓抑的外在社會特徵）的陰影下，有些病人中會出現性壓抑和歇斯底里症狀，這在現在溫帶世界的多數地區就像六月雪一樣罕見。愛狄斯‧華爾頓的母親露克雷西雅‧瓊斯（Lucretia Jones）對於性極端守口如瓶，而那不健康、不神聖的緘默，現在已經都沒了，但是性還是一件與每日生活分隔的事，在那裡身體或許可以再生、想像可以飛翔、內心的獸可以活蹦亂跳，或許不能，這有時候還是會讓我們覺得傷心而讓失望之情在婚姻中擴散。

六〇年代末及七〇年代初，有段時間每個人都在談性。隨便拿起一本婦女雜誌都可以讀到關於性高潮的文章，如果不能，要如何、什麼時候、到哪裡找到治療。當性的革命開始（相對於在當時社會爆發的種種自由追求，這算涉及私人），生活中這最私密的部分突然變成流行節目的主題，令人既震驚又歡喜。暢銷書榜上出現爲一般人所寫的書，給每個進入青春期的男女性事美滿的希望。那是一個令人興奮的時代，崇尚坦率開放，花花公子的兔女郎和色情雜誌都是，雖然吉米‧卡特（Jimmy Carter）可能還只是心裡想要，全美國可都哈得氣喘噓噓了，而且常常是在大庭廣眾之下。

聖路易的麥斯特和強森（譯註：Masters and Johnson，這對夫婦爲美國性學領域研究先驅，兩人於一九七〇年在聖路易成立性治療計劃，爲此類診所立下典型）保證提供治療，爲兩情相悅的伴侶帶來性的滿足。羞於談論及保密之舉曾經讓性的享樂變成飽受質疑的事情，現在，羞愧與秘密不再，女性在陰道發現自己的興奮點，在增進自我意識的團體中公開討論。婚姻破裂，因爲伴侶中的一方發現性可以比現在還要好。如果我們可以有民權運動、可以有反戰運動，那麼也可以有性解放運動，讓我們懂得享受身體，或增加自己所擁有的世俗滿足感等等。鑼鼓就這樣敲響了。再也沒有淑女了，雙重標準像一座沙堡在翻湧而來的浪中傾圮。

一九七二年，一對愚昧的心理學家歐尼爾夫婦（O'Neills）寫了本暢銷書，書名爲《開放的婚姻》（*The Open Marriage*），他們說他們的婚姻就是這樣，而且成功了。在開放的婚姻中，配偶雙方都可以隨性與其他人約會，可能的話也允許性的冒險。對於正想從各方面打破舊有禁忌的世代來說，這個點子聽起來很不錯。正好跟上四處湧現的反叛教會、國家以及學校權威的潮流。這本書說，要有好的婚姻不需要乖乖地一人一雙鞋。事實上你應該好好享受，這是你應得的。

歐尼爾的書出版幾年後，他們離婚了。這並不令人訝異。首先，當時很多人都離婚，尋找更眞實、更誠心的生活、更充實的激情或更綠的草坪。但是除了漸漸流行的離婚風潮之外，歐尼爾夫婦發現，婚姻裡的不忠有很大關係。即使你對自己的戀情開誠佈公，和妻子彼此有共識，而且對於兩人都很公平，不忠還是會出乎預料地侵蝕婚姻。近來有許多書談到所謂的婚姻公休日，也就是約定一段時間讓雙方放假，不必守夫妻的規矩。這其實會對婚姻造成傷害，不過是上述那個失敗點子的翻版。性革命全盛時期的這對關鍵人物，只使得想冒險而照做的都市配偶生活更爲混亂。沒有心靈交流的性，隔天早上就會發酸了。

性革命掃到我家那條街的時候，我才剛離婚。意思是我可以像天堂鳥（不是花，是鳥）一樣自由了，到處是機會。我可以走出去，走向世界，四處炫耀我的色彩，覺得自己很摩登，與時代潮流同步。但是有一個問題。每次的嘗試結果都很糟。最後我會哭、會逃走，或把自己關在廁所裡面。我有一個小孩，有保姆照顧她，但是她會期待我像平常一樣出現在床邊，一早醒來的時候有我在她身旁。不只這樣，接二連三會有男伴來我家，一次、兩次或更多次，而我無法想像如何向他們介紹她。她很想要有一個爸爸，很想讓房間裡的東西都和以前一樣，想要秩序而不是沒有秩序，因此我不能像森林裡的羚羊那樣玩得很野、很隨便。在性革命來臨並改變規則之前，我已經獻身一個神聖的地方，在這裡，我有責任保護小孩，不讓混亂迫近她，幫她找一個爸爸給她愛。

我是不是太像是五〇年代的產物，或者我只是呼應著比較本質的東西？身爲母親，我覺得自由是我不能承擔的奢侈。小孩和我都需要秩序。性關係加上愛情再加上家，對小孩比較好（即使不是爲了父母），勝過在上帝的園地裡遊戲。然而舉世皆然嗎？我懷疑。人類學家向我們描述，在許多文化裡，身爲小孩的父母親們也和族裡的其他成員跳著性愛之舞。但是連我這種並非如同自己認爲那麼傳統的美國女性，我都還是害怕破壞生命中最重要的信任，也就是和小孩之間的信任。

性革命企圖帶來更多的自由，好擴展我們的生命，但似乎觸犯靈魂中某些東西，好比對於身體的分享和體液四處溢流的反對，好像在一個擁擠的餐廳裡面，客人啜一口水，然後依序傳給隔桌的人。性革命的確是有趣的想法，是針對早期過度的私密和壓抑所產生的反動。但是，除了婚前性關係現在很普遍，破除了對於貞操的理想化並暴露雙重標準的殘酷以外，意在影響婚姻本身的性革命已經消失了，無人惋惜，那是本意可喜但期望過於天眞的典型例子。結果，這個社會的一夫一妻制並不會那麼容易坍塌。至少在世界許多地方是如此。

保守的宗教右派相信，現在社會的道德標準比索多瑪（Sodom）和蛾摩拉（Gomorrah）還要低。（譯註：聖經典故，因居民罪孽深重而遭神毀滅的古城）如果想像一下五十年前和現在，似乎就可以理解。性醜聞不斷出現，但在今天，這些事情的娛樂性大過於道德的冒犯。總統和實習生口交，對於大多數人來說已經不像反對者所佯稱的那麼令人震驚。現在大多數人會將性事的開放視爲理所當然，在六〇年代那是令人暈眩驚喜和歡呼的理由。現在我們不會再激烈討論性功能等私事。雖然我們已經聽到耳朵長繭，也知道得差不多，但在集體討論性的時候，害羞感還是會悄悄潛回，挑動興奮感。僞善和色慾是如此甜美的佳釀。去問一問那些嫻熟此道的共和黨政客吧。

柯林頓的醜聞可能會變成性革命中的最後一次騷動，因爲在太多關於此事技術部分的談論底下，性愛神秘感的某個面向也隨之揮發掉了。就像對上帝的信仰，有些事情可能檢驗得太過了，有些房門應該關起來。

雖然享樂必定令人愉快，但長期下來，有了那些關於性高潮勃起等的談論，人們對於生活、婚姻以及身體的感覺並不會好上太多。

今天，男男女女依然受性焦慮所苦。性的問題並未消失，只是不再佔據舞台中心。

一如長久以來，問題依然困擾著人們。只是現在比較不是因爲對於性的無知。差不多每個學校裡都會有性教育的課程，網站和地方書店也都可以找到指導手冊、相關書籍以及說明等。除非你是在家自學，否則可能聽見多到令人作嘔的地步。然而類似的焦慮揮之不去。他想要好好表現，讓她快樂。她擔心自己的反應不好，會不會有性高潮？會讓他快樂嗎？她是健康的女人嗎？他是健康的男人嗎？這些性表現的問題依然籠罩著許多接觸的時刻，隨之帶來羞愧、失望或憤怒、不足之感。威而剛銷售的成功，告訴我們外在表現是不可靠的。女人也有煩惱，這煩惱已不再出現在黃金時段的電視節目，却還在臥房中上演。這樣的題目還是很令人難爲情。不然爲什麼還要問「你準備好了沒」等等？爲什麼還需要一位年輕的時候是政治活躍分子的老戰士來發動？

雖然掃除了壓抑的羞愧感，問題依然存在。原因在於，性在我們的心靈中是和其他許多複雜的情感糾結在一起的，像是罪惡和憤怒。無意識的心面對秘密遭禁的慾望和罪惡、不法亂倫的想法，會胡亂衝撞，而具破壞力的幻想可能阻礙了性的反應。那無意識的心會犯下幼稚、原始的錯誤，我們害怕交合而在另外一個人的身體中失去自己，害怕傷害作爲我們伴侶的男人或女人，也害怕被性伴侶所傷害。我們可能因爲性別認同而困惑，對於性交中呈現的身體現實感到不舒服。這些因素以及其他更多的原因都可能妨礙或破壞享樂。我們都有性幻想，有些可能不太好，於是我們會拒絕，而在拒絕的同時又破壞了性反應的能力。排斥無法接受的想法後，線路可能就會中斷了。我們可能無法表達是什麼讓我們快樂，是什麼刺激了幻想。這個社會沒有意願也沒有方法爲每個靈魂針對其性的不同本質，而提供深度的治療活動。我們就是不知道如何驅逐羞愧和憤怒，而將歡愉帶進臥房。

在婚姻之中，性失去新奇感。性可能變成例行公事，單調乏味。但是也可能給人安慰信任、使人興奮，向彼此肯定找對了伴侶、肯定其相互尊重和對彼此的情愛。生育是性活動的好理由。但是今天，婚姻的目的是爲了長期相處，而不只是爲了生育後代。如果平均一個家庭有二・五個小孩，那麼一般人所有的性衝動會讓交合的場合次數變得完全不重要。如果純粹是爲了生育，也可以只透過一夜情或試管，不需要什麼婚前協議或心碎的結局了。

人類長期無助的歷史，要求男女都要享受並接受雙方性的本質、侷限等等，然後繼續好好照顧年輕一代。但是性也可以變成對抗伴侶的武器，用以報復其他的行爲。性可以是爲了挽回伴侶所採取的孤注一擲的做法，或是宰制或被虐的屈服動作。可以羞辱他人或壯大自己。都要看當時狀況、情緒、婚姻的特殊性、雙方的幻想以及他們共同創造的故事的複雜性。婚姻像是一首以性爲主題的交響曲，從頭到尾出現，有時慢有時快，有時憂鬱黑暗，有時消失，然後再度出現。無聲的時候可以聽到，出現的時候也可以聽到。性是婚姻的問題，但婚姻的問題並不總是性的問題。

在這個脆弱的新國家，希望當我們赤身裸體面對伴侶時會受到歡迎、需求會被滿足、提供的東西會輕易被接受，這樣期待是不是太大膽了？不管和同樣的身體做過多少次同樣的事情，每次都有激情電流，並重新爲心靈充電。應該要如此，且經常如此。

但有時候却不是。我們還未解決性功能失常、性冷感的問題，以及性與憤怒或性與恐懼在婚姻之床交纏的情形。關於這事的政治面，和每對伴侶經過多年的身體與身體的相互適應比起來，比較沒那麼難纏，也比較容易討論。愈是思考性和婚姻，就愈發現我們知道的很少、能做的很少，而且受到最早經驗的影響。我們不知道白馬王子和灰姑娘在蜜月床上的事情，因爲所有的童話故事都在結婚禮堂上結束。之後，情節就不復尋覓了。

Ⅳ

糟糠之妻不可棄？

背叛、外遇、七年之癢

七年之癢、中年危機——只是浪費時間

我正在勃家·瑞敦（Boca Raton）一個有柵門的社區裡面。房子全都刷成耀眼的白，花園裡有紅色的木槿樹叢。後門外面就是高爾夫球場。這裡有鄉村俱樂部，裡面有運動場和個人教練，午餐吧裡有整排裝著沙拉的銀碗。住在這裡的人大都已退休。所有的人都事業有成。黃昏日落，偶爾可以聽到孫子在附近游泳池玩耍的聲音。龐思·雷昂（譯註：Ponce de Lón，西班牙探險家，一五二一年爲尋找青春之泉而發現佛羅里達）就是來到這裡，或離這裡不遠的地方，尋找青春之泉。而這社區中已婚的女子似乎都自己發現了駐顏之術。仔細觀察，我發現這裡的女人平均都比他們的丈夫年輕二十歲以上。她們都是男人第二任或第三任妻子，只有少數例外。她們肌膚光滑美好，未受陽光摧殘，保護得當，而她們的髮色如蜜。涼鞋上有金環扣，耳間、手腕及指間都繫著鑽石。很多人的眼睛、下巴或嘴唇都動過整容手術。肌理間有種緊緻性，教人有點難以讀出她們的臉部表情。是微笑呢，或只是閃過腦中的揶揄想法？她們的身軀不會像一般主婦那樣舒適自在地攤在椅子上。她們也做得不錯，才可以這樣悠閒過生活。但是在芝加哥、洛杉磯或紐約的某個地方，會有另一個女人在扶養這些俱樂部成員的

小孩，而她們的身體就像她們前任丈夫的一樣，出現歲月的痕跡。她可能已再婚，也可能沒有。每個人都知道的，她的機會並沒有那個男人好。她需要的男人至少要大約和她同年紀，而那個男人可能還在尋找其他仍有生育力、嬌滴滴、更年輕有活力的女子來當他的下一任妻子。她的希望渺茫，他的還好。這不公平，但是沒有人曾經保證世事會公平。

我穿著泳衣坐在泳池旁，我知道自己不入時又邋遢，算是被三振出局了。我拿起電話，打給我丈夫。他現在有病人。等一下會回撥給我。他打來的時候，我問：「你愛我嗎？」「怎麼了？」他問。「沒事。」我回答，又加上一句：「我老了。」「眞是出乎意料。」他說。

在美國，我們談中年危機，彷彿這就像可怕的兩人生活一樣不可避免。太多婚姻在中年危機時破裂，特別是男人的中年危機。據說那些害怕青春已逝、害怕死亡逼近的男人，需要和年輕女子在一起以確保自己的雄風仍在，而這些年輕女子會帶他們回到年輕的早年時光，彼時凡事都有可能，男人徹夜興致勃勃。到處都有機會，年輕的助理、護士、圖書館員、小孩的二年級老師、會計、好朋友的妻子等等的。要找一個戀愛對象，或者只是打情罵俏自娛一番，都不是眞的很困難。但是了解你在做什麼以及為什麼這麼做，才眞的難。

我們相信太多男人拋棄了為他們生了小孩、陪他們度過早期事業難關、與他們分享希望的糟糠之妻，現在他們甩掉她們像甩掉一塊沾滿酒漬的桌布。

這樣的故事有幾分可怕的眞實。男人娶的妻子的確愈來愈年輕，並建立了第二個甚至第三個家庭。小說家索爾・貝婁（Saul Bellow）八十三歲的時候還生了寶寶。禿頭大肚的男人和前妻以及已婚的小孩出現在托兒所家長會的數量比以前多。這些男人有一個共通點。他們付得起小孩學費，甚至可以出更多錢。但是這有多眞實？有多普遍？中年危機的男人買了輛保時捷，以及和車子同樣光鮮亮麗的妻子，很可能是虛構的故事，或者是刻板化的卡通形象。不會開車的膚淺女子、腦袋空空的足球啦啦隊長，只想要鑽石的傻金髮女郎等等。這些刻板典型的確存在，但也有完全相反和各式各樣的人，一種米養百種人。

然而，美國部分地方還是有男人買下美麗的年輕女人，她們的衣櫥滿滿的名牌設計師服裝，內心却空無一物。還是有些害怕死亡的男女，放棄了原本不錯的配偶，以追求完美的性高潮、完美的片刻，以及他們害怕不會再有的冒險。一定有男人為了虛榮、不安、幻想，以及總是比這山高的那山，而拋家棄子。但是我不相信背叛及拋家棄子的人有我們想的那麼多。

比較有可能的是，男人女人都一樣，在四、五十歲的時候發現婚姻的裂隙在擴大、感覺愛意的缺乏正在毒化他們，讓他們麻木、憂鬱。比較有可能的是，如果用過去幾年的那種哀傷來看待未來，便會刺激人行動，離開並開始新的路，解救自己免於陷入無聊、爭吵、孤立和不快樂，他們是如此希望的。拯救自己脫離最初的錯誤，雖然時間已經混合了這些錯誤，將之變成怨恨、憤懣，以及耶誕襪裡的一堆煤塊。

男人和更年輕的女人陷入愛河、放手實驗、加入吧台的小夥子行列，這種種行爲如果站在婚姻之外來看，就不會太令人驚訝。遠在爆發之前，某種東西就沒了，某種東西漸漸鬆懈，某種東西在噬嚙著婚姻。很可能是因爲伴侶中的一者無法共同經營有活力的婚姻，却很少純粹因爲不成熟而造成離異。男人開著跑車飛馳在高速公路，旁邊坐著美麗的女郎，如果去挖掘他的故事，就會發現這男人若不是有著可怕的侷限，或心靈受創，要不就是太久沒有人性的接觸，他們或者渴望接觸而終將尋得，或者渴望接觸但永遠無法找到。

我們可以說這些男人價值觀偏差。但這只是外部的解讀。我們很容易會將這個讀法當作唯一的解讀。但是我猜，在那高爾夫球場上的男人，很少是快樂無憂地棄妻而去。我猜，這些男人有很多是在賺錢的驅動下失去了溫柔、諒解、表達情緒的能力，還有對妻子的熱情。我猜，塡補了許多女人生活的消費文化同時也讓她們變得脆弱難纏，忽略男性對於肯定、感激、尊重等深層而持續的需求。事實上，我們不知道在哪個具體的婚姻裡曾經發生過什麼事情。我們知道的是年輕妻子和較老而較有錢的男人之間所達成的交易，就只是——交易。愛意或情感可能混在其中也可能沒有。這是一種生活的安排，而男人不可能在這樣的妻子身上找到他可能在第一個妻子那裡所找到的心靈渴望與需求。

佛羅里達的那個泳池畔瀰漫著悲傷，誓言破碎的過往、妥協的現在，以及隱藏在棕櫚樹葉背後的孤寂。與其說是道德價值問題，不如說是人性問題，如何找到這樣一個人，一個堅持而忍耐、對另一性眞正了解的人，我所說的「了解」是取自聖經及一般的用法。不是說這些男人以前應該更守本分（雖然有些的確是該乖乖守規矩），而是對他們來說，過往應該是更好的。以前他們生命中最精華的部分少了些什麼，現在也是。不必嫉妒他們。

另外

誘惑一直存在，在辦公室、丈夫最好的朋友、汽車業務員、在麥當勞隊伍中、醫師的護士或醫師本人。就像下雨一樣，總會有新的身體碰觸到你，轉身過來接觸到你的目光。要求軟弱的肉體凡軀終其一生與一個人常相廝守，的確是樁好交易。這就是為什麼我們需要全套的誡律來提醒我們：外遇代價很高，而且這遊戲的贏家很少。

我認識一個美麗害羞的年輕女子，她的嬰兒肥還沒完全褪去，就迷上米克・傑格（Mick Jagger）。這很常見。但是上大學時，她聽收音機上米克的歌時，開始聽到他直接傳達給她的訊息，訊息中他公開對她的慾望。這是精神症的最初徵兆，後來更毀了她的一生。她盼望獲得他的愛，這種盼望變成不眞實的期待，後來變成迴盪在她腦中的聲音。當然性慾並不是她心理疾病的起因，但卻是她病症的核心，是她心智混亂瓦解的主因。所以當心智崩潰的時候，性幻想便起而騷動，宗教或現實也無法約束。不過，當她心智正常的時候，性幻想便平息，就像恐怖電影的音樂主旋律，會隨著新的遭遇、新的生命階段而回返，更會對於每一件鍾愛的事情造成傷害。

就像聖奧古斯丁（St. Augustine）所說，那是可以抗拒的；也像佛洛伊德所說的，是可以壓抑的。吉米・卡特「心中的淫慾」並非象徵他罪惡的靈魂，而是他極端平凡的人性的表徵。

我們不是狗，知道配偶會一個換一個，愛和誰交配就和誰交配。我們不是狗，衝動來了看到誰就上。我們從有理解力開始，就被教導要把自己身體最隱密的部分藏起來不要給人看到，像是陰道、肛門、陰莖、和排泄的動作，因此對於受過文明訓練的人而言，發生在男女之間肉體和情感的私密分享，就是如此驚人親密、如此赤裸裸的動作，如此與醒時生活中其他的動作相區隔，它有點恐怖，讓我們如此暴露己身，於是當婚姻中的一者背叛另一者，即使沒有破壞任何上帝所給予的誓約，被拋棄的人所經驗到的那種被剝奪尊嚴的感覺，依然具有很大破壞力，而這還算是含蓄的說法。

在某些文化中，不忠沒什麼大不了。據說在法國和以色列，外遇不過是婚姻的調味料，另一半聳聳肩就沒事了，不像在美國，認爲會對信任和愛情造成致命衝擊。或許是這樣。還有一些與我們不同的文化，其中男人幾乎可想而知一定會有情婦或當作情婦的妓女作伴。東尼・蘇普蘭諾一定是在這樣的文化中長大的。他的妻子卡蜜拉也是，但是他的不忠依然在她的婚姻的核心劃下痛苦的疤痕。不論他的性遊戲在她的族群中是不是屬於規範之內，她還是對東尼大發雷霆，擺明了不高興，一點也無法接受他的行爲。或許是因爲卡蜜拉不是第一代義大利人，而且已經受到「只有在美國」的某種夢想的影響。但更有可能是，對所有女人來說，要她們接受丈夫不忠的想法很難，超出一些人願意承認或能夠承認的範圍。

當然大部分男人會覺得，被女人背叛有如在心上刺一刀，他們可能永遠不會復原。有些男人軟弱、無能，走投無路似的接受他的愛人端出的任何東西。有些女人也會這樣。但這些男人也受傷了，眞的受傷了，不只是受到社會嘲弄的傷害，這在匿名的都市社會或許已不存在（「戴綠帽」這個詞兒最後一次讓男人冒冷汗是什麼時候？），而是自尊心和自我評價受損，男性尊嚴和能力受到傷害，傷得如此之深。O・J・辛普森（那道德的模範）告訴記者，「如果有人上我的老婆，我會把那個人揍扁。」有些文化裡會用石塊擊斃有姦情的女人。他們說，地獄沒有憤怒——憤怒不分男女。報章每隔幾個月就會報導，某個男人的妻子離開他，和別人跑走，於是他拿到槍，殺了她、他們的小孩，還有她的母親、姊妹、然後自殺。當他覺得被需要的人拋棄時，傷害是如此之深，憤怒如火山爆發——雖然也許他只是需要這個女人讓他辱罵、背叛、拳打腳踢。大多數的男人在這種情況下不會拿起廚房的刀子，但確實會發怒、灌酒、開快車，然後腦袋清楚地躺在床上想著一些血腥的場面。英國散文作家約瑟夫・艾迪森

（Joseph Addison）在一七〇〇年代早期寫了一篇關於嫉妒的文章。他說：「如果我們思考一下激動的後果，會覺得這是源自於根深柢固的恨，而不是過度的愛。」佛洛伊德就解釋過了。恨來自於你非常需要，卻又讓你感覺如此脆弱的人的怒意。這很容易變成揮之不去的包袱，無法放下也無法移動。人可能會忘記愛，恨卻會讓人動彈不得。

如果卡蜜拉眞的和她的承包商或神父有外遇而被東尼發現，他需要的一定不只是精神治療師。他可能會永遠昏倒。

忠貞的問題是一些經典故事當中的情節主線。傑生（Jason）拋棄妻子米蒂亞（Medea）的時候，她怒火中燒，殺了他的孩子作爲報復。（譯註：米蒂亞的故事出自希臘神話，古希臘悲劇作家尤里皮底斯〔Euripides〕以此故事爲本寫出悲劇《米蒂亞》）在一些最著名的小說中，自殺與謀殺是銅板的兩面。憤怒與絕望彼此加油添醋。絕望總包含憤怒，而憤怒當中總也瀰漫著絕望。傷心雞尾酒的比例告訴我們，故事的最後誰會活下來，而誰不會。但孤單的孩子常常被遺忘，反對的世界亦然。安娜・卡列尼娜最後慘死火車輪下，這悲劇的結局既是公平也是不公平的。她的確公然反抗了社會秩序，所以這樣的命運是她應得的，但是爲愛情付出這種代價，眞是不幸，眞是悲慘，眞是對正義的嘲弄！即使在比較開明的現代社會，如麥可・翁達傑（Michael Ondaatje）

的小說《英倫情人》（*The English Patient*）描繪的姦情，最後兩個人都慘死。這是悲劇，但是是令人滿意的悲劇，好的故事當可如此。奧賽羅（Othello）只是懷疑妻子黛斯德蒙娜（Desdemona）和人有染，就馬上殺了她。而當海倫和巴里斯私奔，特洛伊戰爭遂因此爆發。海倫帶走了希臘人的榮耀。許多女人也帶著男人的榮耀私奔。許多男人離去，皮箱裡帶走女人的驕傲、她的尊嚴，還有經濟的穩定。

七○年代，我認識某位女性，她的先生是個傑出的報社工作者，有兩個小孩，但這個先生後來開始和一位有野心有魄力的女性同行有染。他們沒有太謹慎。謠言耳語滿天飛。我們在一個婚宴上碰到這對夫婦，男的手上拿著香檳杯。他說話的時候，手緊緊握著杯子，竟然把杯子抓破了，玻璃散成滿地碎片。血濺到他的褲子，灑到地板。我們幫忙把碎片撿起來。他回到會場時，手上包著被血浸透的手巾。不久之後，他告訴他的妻子，他沒辦法再和她一起生活了，於是離家和另外那個女人在一起，他們不到一年便結婚了。他的前妻開始靠鎮靜劑過日子，看精神科醫師，她腳步踉蹌，吃藥、生氣，周旋在一個又一個的活動，演講、電影、義演會、派對當中，她漸漸口齒不清而又遲緩，因心中創傷而皺紋滿面。她變得很糟，許多人開始避開她，藉故遠離她。

眞實狀況是，在我們的文化中，因爲第三者而被拋棄，浪漫愛情受到這樣的打擊，根本不是納許維爾鄉村曲調那樣苦樂參半的滋味。被拋棄跟什麼痛苦受創的心無關，而是跟那深沉而持久的傷口有關係，有時它根本無法療癒。有人好多年的時間在午夜之後四處徘徊走尋遺失的愛情，冒著天上落物、疾馳汽車的危險，迷糊悵惘，無法拯救自己。

《紅字》（*The Scarlet Letter*）裡的社會將紅紅的A字繡在女主角赫絲特・普萊恩（Hester Prynne）的胸前。（譯註：出自美國小說家霍桑的小說）這個代表通姦（adultery）的A，是爲了羞辱她，顯示她是被社會驅逐的角色，讓她跟居住的小小清教徒社會區別開來。霍桑並非是那個社會的喉舌，相反的，他是批評者。閱讀這本書的時候，我們知道赫絲特是個善良可愛的角色，她優雅，在許多方面聖潔高貴。她的愛人是迪蒙斯戴爾（Dimmesdale）牧師，她懷了他的孩子，牧師却從來沒有出面承認，連她受到眾人裁判的時候也沒有替她分擔。她那性情惡劣且報復心重的丈夫糾纏著牧師，後來牧師終於因爲罪惡感而病亡。霍桑這部一八五〇年的作品觀察到我們的習俗中缺乏人道的狀況，我們以服從規範來代替付出生命的情感，眞是混淆了上帝和懲罰、恩典和順從、愛與罪！有人可以說赫絲特是道德價值低落的女人，不過更應該說，是她所生活的社會價值觀不健全，而她把她的信任放錯了地方，承受了孤獨的痛苦，却有著比那些審判她的人更光榮的靈魂。那些坐在柯林頓彈劾委員會上的國會議員夸夸談論著個性與價值，把全國人當聾子，他們就很像那些遠離上帝卻又以爲自己接近上帝的公民。

但我們怎麼看待將人們導引到眞愛的不忠呢？那些太早結婚或者結果很糟的男男女女怎麼辦呢？結婚之後才知道丈夫或妻子有病或發瘋、暴躁或痛苦、無能或膽小、床上無趣又無法滿足，說是單身其實有小孩，事業失敗等等，怎麼辦？如果是因爲受到剝奪、不快樂、需要逃離，因而向外尋求的那些人呢？不忠的另一面可能是愛，甚至可能帶來眞實而長久的愛。一個人的失落是另一個人的獲得。有時候不忠是打開囚門的鑰匙，是穿過隧道的逃生之徑，是重新獲得快樂的方式，喚回一樁好婚姻中所有美好的部分。要是發現當和某個不是配偶的人在一起時，感覺心在燃燒，熱情如火，希望滿溢呢？拈花惹草是一回事，婚姻以外的愛情則是另一回事，那更糟。

那也是離婚的好理由。

我認識一個人，他是成功的企業領導者。他的妻子沉靜、盡責、服從，沒有什麼光芒或脾氣。她給人枯燥乏味的感覺，她週遭的世界也不太有趣。她是那種打她身旁經過會讓人嘆氣的女人。這男人愛上另一個獨立的女人，她經營畫廊，並將他介紹給現代的藝術家。她優雅而博識，對音樂、政治、時尚都有興趣。這位生意人深深愛上她，她讓他覺得充滿可能性，她爲他打開這麼多扇新的門，引領他走進去。於是他想和妻子離婚，和這個女人結婚。小孩已經大了，他覺得自己有資格追求那近在咫尺的快樂。他太太不同意，她害怕孤單一人。她恐懼離婚造成的醜聞。他給她多少錢她都不願意。她明白表示，只要他一離開她，她就馬上從他們在公園大道的公寓窗口跳樓自殺。

這位生意人害怕她眞的會這樣做。他怕自己無法活在因爲她的死所生的罪惡感裡。他害怕不管他做什麼都不可能得到快樂。於是他留在太太身邊，放棄他生命中的愛情。之後他活了很長一段時間，總是不想回家，容易生氣，甚至對太太粗魯相向。她太太又活了五十年之後，才了解到自己是用勒索的方式把丈夫留在身邊。這是一個悲哀却眞實的故事。

沒有人可以怪他留下。沒有人可以眞正責怪他妻子用這種可怕的方式抓住對方。每個人都會遺憾，儘管這樁婚姻永續，它却一直充滿憾恨、指責、失落的氣氛。

籠中鳥總是不美的。

紐約精神分析界中曾發生兩樁醜聞，兩個傑出而優秀的男性精神分析師打破了精神分析界的禁忌——和病人陷入戀情。這被認爲是嚴重違背了醫療道德，因爲精神分析師有絕對的道德責任要保護病人不會陷入他們可能會有的幻想，以爲治療師是萬能的。這些幻想不是基於實際的個人接觸，而是單方面的。用處在於，病人從過去到現在的情感轉移到分析師個人身上，這種移情作用是病人和治療師都看得見的，因此可以檢視得出。如果醫師將這種移情作用當成眞實的愛情，他就再也不能幫助病人了解他們的愛與恨了。此外，治療師自己的情感若遮蔽了他的覺察力，他也就無法治療或幫助病人。在精神分析文化中，和病人發生治療室以外的關係，是很糟糕而且邪惡的事，就像腦部開刀開錯邊一樣是嚴重的治療失當。

醜聞中的第一位治療師離開妻子，和一位機智而幽默的名病人在一起。他告訴妻子要離開她的那一天，妻子跳窗自殺。想想看這位醫師的其他病人會怎麼想。想想看當妻子在盛怒之下想不開而導致身亡，這位醫師會承受怎麼樣的罪惡感。他和她的新任妻子移居到另一州，但是他們的婚姻沒有維持很久，或許是因爲心上的負擔太重了吧。或許一旦每天接觸，他就不像身爲有距離的治療師身分時那麼讓人渴望吧。或許他只是因爲懊悔和良心的譴責而感到疲乏，以至於無法維持充滿希望的感覺，而那感覺是新、舊婚姻都需要的。

第二位愛上病人的精神分析師也和病人結婚，留下憤怒的前妻和憤怒的子女。這樁醜聞在精神分析界也揚起軒然大波。禁忌再度被破壞。她的妻子從傷痛中復原並且再婚，而這位現在與病人結婚的精神分析師却碰上很大的麻煩。他們決定搬家，免得雙雙背離原本家庭之後的關係被人們指指點點，他們遠離他鄉到異地重新開始。這位精神分析師過去幾年曾成功克服的憂鬱症，現在却變得愈來愈嚴重。第二度的婚姻出現嚴重的壓力跡象，也許是他的新妻有意離開他，他自殺了。唉，眞是個教訓。愛上你的病人又爲愛而行動，結果不是你死就是別人死。

我們隨著母親的乳汁而吸收的民間知識告訴我們，男人比女人有更強的性慾衝動，他們需要的性活動比女人頻繁。的確，當男人還是野獸的時候——這不是比喻的說法，就是字面上的意思——他們一抓到機會就會在女人身上播種，合理地希望可以增加遺傳成功的機率。但是如果他們不在女性旁邊幫助她們保護無助的小孩，他們的DNA就白費了。所以，雖然我們聽過男人需要許多女人，妻、妾、情婦、實習生、學生等等，却不能以爲這純粹是基於基因上的生理衝動太過於強大，所以他們根本無法向存在的社會控制讓步。

如果這就是男人的性格，是天生的，那麼我們必須體諒並原諒那些總是在大家都知道的乾草堆裡尋找另一把乾草的男人，即使那乾草堆就是白宮總統辦公室裡的地毯。但人性中的性衝動總是不離我們的心理機制。這心理機制可以用來幫助我們逃避愛情、親密接觸，或責任，可以掩蓋將女性貶低爲妓女的輕蔑態度，可以對某個缺乏溫情或看不起男人成就的妻子表達憤怒。男人所表現出來的這種膨脹的男性性衝動以及不斷的誘惑過程，可以用來粉飾他們心中對於笨拙或性無能的恐懼。男人有許多理由覺得自己需要自由，讓任何有吸引力的女人來到他周圍，如果你相信他生來就是這副模樣，你就太天眞了。

我們的社會有著粗糙的父權性格，給男性較大的自由，而給女性較多的限制，它造成一種幻覺，讓人以爲這樣的雙重標準是應合男女天性而產生的。事實並非如此。它符合某個時代的某些男人，但在今天的美國，却絕不是爲了要使男人快樂或表現出眞正的雄性氣質這樣的理由。

爲什麼不忠是致命傷

除了宗教敕令，到底婚姻中的不忠是如何危害並威脅到婚姻，什麼是造成如此多樁離婚的導火線？的確，不忠打破了伴侶雙方間的身體親密度讓第三者介入，但除了自尊心的原因外（爲什麼我還不夠？），這種狀況有其更可怕而危險之處潛伏在我們的意識層面裡。我想是和婚姻中伴侶彼此依附的方式有關。那種依附是我們跟母親之間最原始而本初的愛的成人版。嬰兒需要母親，不然就會夭亡。嬰兒最怕被遺棄。一歲半的嬰兒儘管在能幹的保姆照顧下，當他發現父母不在家時，那種掏心瀝血的尖叫和心碎的哭泣聲便足以證明。我們必須相信父母會撫養我們——保護我們不受炎熱或寒冷的襲擊、不會溺水、不會孤單——他們是和我們關係最密切的人。這樣的需求如此強烈而深刻，以致於在往後的生命中投下奇怪的陰影。

婚姻中，我們當然對彼此負有責任。有時候我們會扮演嬰孩的角色，有時候則是成人的角色，但是一般來說，是一個人身上兩者兼具，我們既施且受，等到時機一到，我們便給予並接受溫柔、關懷和保護。但如果一者拋棄另一者，轉向第三者，雖然只是在上個月以及再上個月的第三個星期二出現這種狀況，動搖婚姻關係的恐懼就會深植，就像在最初的嬰兒期，我們被遺棄的原始恐懼重新被喚起。

當弟妹出生，或者老么發現他前面還有別人，那幻滅滋味眞是苦澀難當的。我們希望母親的愛專屬於自己，因爲我們知道若沒有母親，我們會有多無助。我們覺得對手可能會吸引她的注意力，害怕沒有她隨時的照顧我們會受到傷害。這是小孩的想像，但是這想像會滯留不去——影響成人後的我們。這使得專屬的愛變得無比重要。和我有非比尋常親密關係的人，看過我的身體、碰觸過我的私處、給我愉悅、是我的一切的這個人，必須只愛我，只碰觸我，不然我會有危險。這想法並不理性，通姦行爲並不會帶來身體的危險。不錯，是有可能感染疾病，但我們看到的這種恐懼不是由現實所引起的，而是由過去的心理經驗，當我們初次發現，我們迫切需要而且依賴另外一個人的幫助時，恐懼便會將我們拉回最容易受傷的早期幼年經驗。

除了遺棄的恐懼，兒童還會體驗到憤怒，憤怒的對象正是他所需要的母親。被遺棄的配偶同樣也會感到憤怒，甚至有生以來都沒有這麼憤怒過。這種憤怒是很合理的。畢竟，眞實世界的背叛已經發生，誓約業已損毀。不過，怒氣中也混雜著一種古老的憤怒，那不是很理性的，它因現狀的刺激而發，卻不是針對現狀。換句話說，它重新喚起嬰孩與母親相繫的時刻，那種舊有的失落感。

親愛的上帝，不要讓我變成電影明星……

好萊塢的離婚率已經到達百分百。並不是說每樁婚姻都會以離婚作結，而是說有些人離了很多次婚，所以到了一定的年份，離婚和結婚的事例就會一樣多。另外，每一個在超級市場排隊等結帳的人都知道，電影明星經常換伴侶，就像蜜蜂天生愛在花間穿梭，而一群好事的狗仔隊就會蜂擁追蹤他們飄忽不定的行跡。但是他們不像蜜蜂，他們是為了自己的快樂而做，不會回到蜂窩臣服於蜂王。他們想買什麼就買什麼，因此也不會像我們其他人一樣釘死在現實生活。他們沒有必要緩和自己的衝動，壓制本能的需求。他們可以擁有許多他們想要的東西，似乎比一般常人有更多的機會和自由。

他們多數都是美麗而具有個人魅力的人，總是散發出誘人的訊息：「愛我吧」、「來崇拜我」、「愛慕我」。這是明星的本質。我們無法確切解釋是什麼造成這種「你無法不看我」的特質，但似乎很少是因為過度的自信、或者由於幼年的舒適和愉悅，抑或是各種必要成分供給無缺，以致於自我在孤獨中也可以存活，沒有外在支持也可以成長茁壯。這些活躍的明星都有他們自己的理由和故事，可以一再向個人治療師、科學論派伴侶、占星家、按摩師、個人教練、營養師、經紀人、司機等等訴說。

而坊間小報的工作就是探查出這些悲傷的故事，再搭配上一些圖片，對最新的戀情、最近的醜聞、當天的八卦繪聲繪影一番，好挑動、娛樂並滿足飢渴的大眾。他們不只渴望看見明星的生活，也渴望發現明星會有一般人的問題和失敗。

哪個人進了吸毒勒戒所，或是哪個人透露她小時候曾經被酒醉的父親性侵害，哪個又哪個已婚的男人其實是個同性戀，而在馬利布（Malibu）山丘有個神秘戀人等等，還有什麼會比這些事情更有趣？這些手邊有無數錢財、如此成功的人畢竟也只是常人，也會因爲自己的作爲而在困頓的時候跌得很慘，這樣的事情眞是百聽不厭。這些事情符合我們的正義感，緩和我們的嫉妒，也使我們覺得和這些我們知道他們的名字，而他們不認識我們的銀幕世界朋友更接近。

希臘眾神的故事在印刷術或芭芭拉•華特斯（Barbara Walters）出現之前的時代就是娛樂的來源。希臘神明也有人性的缺點，不忠是其中之一。諸神之王宙斯（Zeus）總是背著天后希拉（Hera）在外搞三捻四，而她會到處搜索，對宙斯愛上的對象進行報復，據說她會把情敵變成牛或天鵝。這些故事使得希臘人更加接近那些影響他們生活的神明。他們的行爲可解釋不符合理想且破壞人們生活的道德缺陷——連神都會欺騙配偶，我們凡人又怎能避免？於是電影明星、流行音樂天王天后還有超級運動員盤據今日的天空，而他們性愛對象的變動從未停止。

電影明星因爲出外景工作，常常被迫一次要與伴侶分別數月之久。電影拍攝期間他們自然會和許多人比較親近，包括一起拍片的人。他們要與陌生人演出戀情，很難不假戲眞做。有時候就是會弄假成眞，或者連沒有導演在場的時候，他們也在演戲？

他們習慣立即的滿足，如果有機會爲什麼不接受這另外一個身體？他們也有一種感覺，覺得自己是特殊的、無須墨守常規、是獨特而幸運的一群，所以他們不需要屈從於其他一般凡人得遵守的規範。

這意味著他們容易陷入不忠，因爲需要一次又一次測試自己受喜愛的程度、誘惑力的強弱，畢竟他們的生活靠的就是這個。他們也因爲沒有大眾的非難而有此傾向，大家就是期待他們有浪漫故事，忠貞或平凡生活的徵象並不會提高他們的魅力。羅迪歐大道（Rodeo Drive）上並不販賣紅字。男女明星或許也有搖晃而不穩定的認同感。他們也許需要透過新的接觸，和新鮮的情感波動來強化他們匱乏的靈魂，只爲了證明他們是眞實的，他們眞的在這裡，眞的沒有問題。自我迷戀並不意味著你覺得過得比別人好，相反的，可能是感覺比別人糟。納希瑟斯（Narcissus）的自戀需要如此多艷羨的目光，竟使得他淹溺在自己的倒影中，故事是這樣說的。

不是明星而有了通姦行爲，可能是有同樣的動機在作怪。我們或許也需要一再證明自己的吸引力、被接受、受人喜愛的程度等。即使沒有無盡的財富，我們或許也不確定自己是誰、是什麼或應該是什麼，而在另一者的追求中，我們會覺得自己眞的活著。我們或許也覺得有資格獲得更多、可以嘗試每件事情，像奧林匹斯山上的眾神，或者至少男女彼此調情，好像自己就是眾神之一。當然我們可能也會照鏡子，却沒有看到倒影，覺得虛無、空洞、不眞實，好像自己並非眞的存在。我們也可能會追求另一個肉體來讓自己感覺更踏實。舉約翰·厄普戴克（John Updike）四部曲小說的主角，綽號「兔子」的 Toyota 汽車推銷員亨利·安格斯壯（Henry Angstrom）爲例吧。我們看到他掃視每個路過的女人，有如她是可能的性目標，而當偶爾有人接納他，他就急著上床，四肢劇烈扭動，壓力暫時紓解，但是他一次又一次發現，性的征服並非治療他苦痛的正確方式，那苦痛是瀰漫而全然無藥可救的孤獨感。

東尼·蘇普蘭諾和那些其實要求很高的女人做愛時，他只是想娛樂一下，像他在脫衣舞俱樂部一樣，把女人當娃娃玩，當成身體享樂的對象，是他紓解一天壓力的娛樂。東尼的問題在於，這些女人，他的性伴侶，其實有自己的聲音和想望，會要求對方付出時間、禮物以及關愛。聖母和妓女二分法只存在他腦中，而非那些女人的腦海裡。這不是他想要或預料得到的。他的夜之女郎心口上都破了個洞，她們會哭泣、尖叫、摔東西。她們並不提供他需要的東西。也許那是他母親應該要做的？也許他的妻子會做，如果他允許的話？東尼不忠貞的問題就跟多數只要自由的人一樣，反而會使他被自己鎖住，兩道鎖、三道鎖，大門緊閉。囚禁他的不是監獄（雖然就他的情形來說也是可能的），而是他的生活。

我們會把名人的不忠當作是他們有資格玩的遊戲，好讓大家有娛樂話題。我們會責備他們輕率的行爲，歸罪於過多的金錢，或只是聲名與權力的副產品。在旁觀者眼中，他們是有權力的。但事實上，看起來有權的人常常只是害怕失去一切，就像其他人一樣，害怕暴露於騙局之中，害怕黑暗。我們知道瑪麗蓮夢露就是這樣。許許多多的明星也是如此，他們的實際生活會因爲自己或他人的始亂終棄而翻覆。

宣揚家庭價值者可以把好萊塢形容得如同墮落之城，索多瑪和蛾摩拉，但是這種切分太簡易了。我們都只看到別人身上的塵埃。我們不會因爲好萊塢明星的示範就有樣學樣，破壞自己的婚姻、遺棄自己的小孩、酗酒或把借來的錢賭掉。電影明星和運動明星是我們內心困惑的回音，而非倒過來的。談家庭價值的那些人希望時光能倒流，卻忘了性革命只是揭露原本神秘的東西而已。它並沒有破壞快樂的家庭，也沒有爲平靜單純的心靈帶來騷動不安。亂倫、遺棄、春宮畫、嫖妓、藥物濫用、受創的婦女、酗酒、單親家庭，都早在花花公子的兔女郎、蓓蒂・芙麗丹（譯註：Betty Friedan，美國女性主義作家。一九六三年出版《女性迷思》〔*Feminine Mystique*〕闡釋所謂女性特質乃社會的人爲建構，爲當時方興未艾的女性解放運動打下理論基礎）、限制級電影還有

《人物》雜誌出現之前就通通存在了。從一而終、情愛永誌、攜手面對困頓、不失去伴侶也不喪失自己的心，並不是那麼簡單的事，別人不能命令我們照做，我們也無法輕易駕馭自己的情慾或需求，不管是看在老天的份上，還是看在自己小孩的份上都一樣。

……或是政客

有些人就是會不忠，男女皆然，難以控制，就像可以在任何時候牽動眼睛的肌肉或左右轉動頭部一樣。毫無疑問，柯林頓就是這樣的人。他總是擺出一副迷人的模樣，總是在誘惑人，通常是爲了這些人的選票，或許在他不再視事、不再從政之前都會如此。追求更高職位似乎是很平常的人性。事實上這可能是必需品。被無名的大眾所喜愛的渴望——事實就是這樣，不是隱喻的說法，因爲選舉日一到，大眾就會以秘密無記名方式投票。性的恩惠、性的嗜好，可以是無止盡誘惑大眾的精力所散發的惡臭，而這誘惑大眾的作法正是政治過程的特徵。性的吸引力、性魅力的散發，是許多政客，或最成功的政客們爭取支持的動作，他們到處旅行，與人握手、凝視對方的眼睛，以贏得支持。某些政客身上散發的性的波動就像搖滾明星一樣誇張，同樣都是可以在空氣中感知、聽聞的顫動。從一個募款餐會到下一個，他們身邊籠罩著性魔力的氛圍。想想甘迺迪（John F. Kennedy），他就被認爲是有史以來最偉大的花花公子。而尼爾森・洛克斐勒（Nelson Rockefeller）是死在他的情婦床上。

柯林頓的問題是，他必須不斷滿足他那超級龐大的性慾。他喜歡有別於他老婆的女人，教育程度、地位和腦袋都要比他低下的女人。他喜歡和寶拉・瓊斯這樣行爲偏差的女人上床。他會對圓滾滾的女實習生有興趣。他不是被聰明、可以提供他知性交流和挑戰的女人吸引。相反的，他像高中生一樣，他要那種會主動獻出肉體、可以來個全壘打的女孩。你眞想對他們說：「拜託，別那麼幼稚吧！」但是他可不是唯一一個有這種胃口的人。全國各地都有這種男人，他們的妻子受到敬重，在階級、教育、專業上都和他們旗鼓相當，但是他們會另外有女人，是那種不同世界的壞女孩、行爲偏差的女孩、你不能帶回家給媽媽看的女孩。姑且不論男人爲什麼要有這種二分法，要將眞實生活和眞實的性加以分隔，使好女孩和不是那麼好的女孩相互對立。反正，這種二分法對於任何一類的女人來說，都不是恭維。有些人就是不能在同一個身體同時滿足對性和愛的欲望。太多罪惡、太多關於罪的談論製造了大問題。

比爾・柯林頓式的玩弄性愛，揭露了某種文化，在其中女人被幻化成一種和她們本來面目迥異的生物，而男人自己也無法獲得眞正的性愛伴侶。他們失去的是結合了愛的性愛，得到的是午夜的色情。在性方面受到壓抑的文化中，性等同於罪和享樂，好色是魔鬼造成的，男人視性爲骯髒、下流的東西，它會帶給你歡愉沒錯，然而却是不正當的歡愉、不好的歡愉。他們把自己與女人的關係一分爲二，好的部分和髒的部分。他們把骯髒的部分從妻子身上隔開。（東尼・蘇普蘭諾也是這樣）問題是，骯髒才是歡愉最強烈、誘惑力最巨大的原因，所以他們背叛妻子，讓妻子保持乾淨，但却不是很愛她們，不是完全地愛。性和罪惡變得習慣彼此，一起被裹在罪惡的包裝紙裡。這種聖母—妓女二分的解決方式讓每個相關的人都受到連累。地獄之火可能埋伏在性的罪人旁邊，但是把自慰和色慾都視爲罪，並沒有使人更容易保持忠誠，就像藏在櫥櫃裡面的色情雜誌，這反而違背眞實的家庭關係。

比爾恣意放縱的不忠，對於婚姻的威脅並不像富蘭克林・羅斯福（Franklin D. Roosevelt）享受多年的齊人之福那麼大。羅斯福有一個他很珍愛的情人，她變成他每日生活中很重要的部分，陪伴他，給他安慰和快樂，而那是大部分美國人都很推崇的羅斯福夫人所無法給予的。那類的婚外情對於婚姻殺傷力很大，不是逢場做戲，不是總統辦公室裡的一夜情，而是有家、有歷史、有個人記憶的眞正的關係。如果那時候，總統可以離婚的話，羅斯福夫婦是可能離婚的。

二〇〇〇年的總統選舉有很多關於人格的討論。共和黨和民主黨的候選人都使出渾身解數，向美國民眾保證他們品格高尚。這是個婉轉的代名詞，意思是他們不會被人抓到沒穿褲子和實習生在一起，因爲他們是好人，他們對妻子忠貞。看起來候選人們是在表白他們謹守宗教的原則，但說穿了，他們只是助長那種掩飾美國生活中，眾多眞相的虛僞氣氛。不忠（或布希團隊所稱的壞「人格」）無法決定某個人選在某個時間內是否可以勝任國家的總統。沒有人會把這想法當眞。幾乎歷屆的總統都曾經有過婚外情。人格，或者至少是領導者身上應有的性格，無法在他們婚姻關係的關鍵時刻中檢驗出來，反而是他們對於自己申明的立場的忠誠，對於我們的法律、對於弱勢者的責任感，對於經濟和社會福利、對於世界和平、對於全球人權的忠誠盡責，才是檢測領導人格的關鍵。

某些政客的壞男孩行爲讓一般人覺得，美國正走向毀滅之路，但是在許多著名的事件中，我們對於罪的寬容原諒並非表示墮落，應該說這彰顯了集體的智慧。我們都知道，一般人很難生活在長期的關係中。挫敗是常有的事。我們怎能要求受到許多引誘的明星和政客既要不斷誘惑我們，又要提供給我們犧牲與崇高的榜樣？這不是他們的工作。要求政客對一個伴侶忠誠是既無意義也失焦的，就像要求一個電影明星或搖滾歌手不要招惹別人的伴侶。至於我們，我們個人的決定是個人的。

罪惡感或付出代價，不管他是誰

愛瑪・包法利和安娜・卡列尼娜都是背叛丈夫的女性，他們被作者懲罰，下場是以自殺作爲脫離無望困境的唯一出路。我們所舉的故事中，通姦者的踰矩總是以悲劇收場，這似乎是我們這些尋找道德秩序的讀者所要求的。在葛蘭・葛林（Graham Greene）的小說《愛情的盡頭》（*The End of the Affair*）中，女人拋棄丈夫，可是她無法打破跟上帝的誓約，她相信上帝回應了她的禱告，製造了神蹟並拯救了她的愛人。後來她病得很重，在與上帝和解之中安心地死去，卻沒有獲得她生命中的摯愛。對於某些人來說，這似乎是公平的交換，葛蘭・葛林就是其中之一。我擔心這可能只是投給沒有注意傾聽的上帝一個空洞的手勢，只要想到那些在世界各地製造毀滅的重大罪惡，上帝對於我們個人的罪可能並不是那麼有興趣。現代人很難爲了一個可能存在，也可能不存在的上帝的規則而犧牲這麼多。就像我們在二十世紀所見，上帝的臉隱晦不明，而人類卻對彼此製造那麼大的禍亂。在奧許維茲（Auschwitz）沒有奇蹟，前往集中營的鐵道上，火車沒有神秘拋錨，焚化爐的瓦斯氣管也沒有被阻塞，維爾當（Verdun）沒有奇蹟發生，柬埔寨、越南馬來村、盧安達、蘇丹、史達林的古拉格，全部都沒有奇蹟發生。所以如果上帝會注意到艾瑪•包法利和里昂在一起，或安娜愛上丈夫以外的男人，那才眞的奇怪。但是我們也注意到，這些名著的故事線似乎一再祭出我們需要的道德正義，同時也讓我們想像背叛的刺激和短暫的恩賜。

也有一些虔誠人士不質疑上帝的法則，如果他們的婚姻壞死了，他們會繼續留守，直到死亡將兩人分開，這是出於責任感、道義，以及深信自我犧牲的道德性和其誓言的力量。我對於這類的高尚正直，感覺很複雜。沒錯，這樣做很高尚。沒錯，這會造就井然有序的社會，人人行爲端正，堅守自己的崗位。但是喪失體驗眞實人類情感的機會多可惜。如果注定要和自己不再敬重、渴望、挑選的人一起吃晚飯、走路、交談、上床，而這個人又比不上眞實或想像的另一者，那個你更喜歡的另一者，會是多麼可怕的事。這樣的生活是違反生活的，違反內心所有歡唱的曲調。

許多不忠情事並非突發奇想的衝動行爲，而是出於自救的掙扎，掙脫出孤獨而痛苦的婚姻。當愛情眞誠而強烈、給雙方帶來希望感——自己和後代都有希望——這樣的愛情，不管男女都很難拒絕。社會法規不像牌戲，牌戲中手腳快的騙子也許可以偷牌而安然無恙。有些不忠情事是有環境背景、原因和理由的。或許不是每個人都需要遵守規範而犧牲個人幸福。顯然許多人不能也不會。大多數人無法將詮釋上帝意志的教會絕對性當成依靠。有些人則會想，同樣這個上帝可能也希望我們能愛人，以及被愛，而且有勇氣解除錯誤並重新嘗試。於是我們可以說不忠是罪孽，也可以說不忠本身就是一種祈禱，它點燃了希望之光。可能眞的是如此。

有些人並不擔心上帝的意見，但可能會因婚姻破裂後，孩子所承受的痛苦而苦惱，然後有如罪惡的幽靈那樣，爲了小孩此後的生活而心神不寧。如果小孩開始顯現內心騷動的徵兆，好比睡眠干擾，重新出現尿床或吮拇指的現象，或最後出現學習問題、攻擊問題、少年犯罪、交到壞朋友、恐懼、害羞，以及所有可能出現在不快樂小孩身上的事情，父親或母親便會自責，覺得小孩被迫在不穩的地基上搭建自己的帳棚，自己必須要負責任。擔憂小孩、因他們而感到罪惡，使得父親或母親要在任何一段時間照顧他們變得困難，對於新的伴侶或新的婚姻也會造成可怕的壓力。孩子發現父母有新伴侶時，會覺得他們的行徑是不忠的。我們也許相信離婚是合法的制度，但是對小孩來說，新的配偶是對前夫或前妻不忠的結果，而這是他們難以忍受、難以接受的。

罪惡感是負擔，使我們對自己做出不當的事。自覺良心不安的人無法享受眼前的任何事物。多數人的確會和罪惡感生活在一起，而罪惡感就像個壞伴侶、搗亂鬼、破壞狂，它是一隻看不見的手，把自己引向不應該走的路。任何不忠的行爲都會提高內心的罪惡感，一直到某一天，罪惡感滿溢，一切都毀滅殆盡。

我是不是現存最老的一夫一妻論者？

一九七三年新的性自由逐漸變得普遍，橫掃我們這樣的中產階級家庭。有一年夏天，我十六歲的女兒很憤慨地跟我說，那年夏天她和一群男孩在海邊玩，晚上在沙丘上辦派對到很晚（在那裡，我擔心會發生的事情終於發生了），她對我說（十幾歲少年會用的那種口吻，讓聽的人咬牙切齒）：「你和爹是這個地球上唯一還相信一夫一妻制的人。你們眞是落伍了。」這話很刺耳。我曾經視自己爲革命分子、熱愛自由的人、不服傳統約束的反叛者。大學的時候我穿黑色緊身衣，那時候這樣的裝扮還沒有變成新世代的標誌。我在母親全心全意相信失去貞操會讓我嫁不出去、注定一輩子要獨自悲慘過一生的時候，就有了婚前性行爲。我愛冒險，曾走在時代的尖端，從來不是乖乖聽話的小綿羊。但是我女兒贏得一分。我有了家室後就愈來愈不愛冒險，而且我也眞的重視忠誠，不是抽象的忠誠，而是最具體的，我對他，他對我。

我認識現任丈夫的時候，他已經離婚了，而我是單親媽媽。我們第一次約會是在星期五晚上，之後他打電話給我，邀我下周五一起出去吃飯，我覺得很訝異。連續一個月固定的星期五之約結束時，他卻似乎不想和我上樓，我也感到很訝異。也許他是個同志。也許他已婚，我只是完全被愚弄了。也許他有問題。我約會的次數夠多了，知道上述一切都有可能。我知道性對男人可能並不是像表面上那麼簡單。我也知道我整個禮拜都在傾聽他的聲音，記住他的微笑。也許我不應該再和他見面，以免以後自己變得太過於依賴他，而分手會讓我崩潰，將我埋到失望的深淵中。

幾週之後，我問他爲什麼總是跟我約在星期五晚上。我太害羞，沒有問他爲什麼連進一步親密的接觸都沒有，雖然我覺得他其實想。我也想要他，而我不相信他會不知道。他的回答令我驚訝。他現在有另外一個女人，而他知道他們並不合適。他想在跟我約會之前先結束那段關係，現在慢慢結束了。他沒辦法一次有兩個女人。他得先結束星期六晚上的約會，我們才能開始。就像他所保證的，隔周他就做到了。

我不能破壞這樣一個男人的信任。我知道他不會傷害我。沒有辦法同時和兩個女人約會而不感到罪惡、愧疚的男人，開始和第二個人交往之前必須先將前一段關係結束的男人，他不會欺騙也不會背叛我。如果他是以這種方式愛我，我就會以同樣的方式愛他。

機會一直都是存在的。我和某位男士共進午餐，他請我去討論一本書的計劃，他想和我合作。在咖啡送來之前，他告訴我他希望在被家庭綁牢之前，再來一次人生的冒險。我以爲他說的是爬座高山或開飛機。但是他好像是想和我談一場戀愛。他很有魅力。他對我微笑。「會有問題嗎？」他說。「這是我們的秘密。」他提出一個小小的不會傷害任何人的刺激。他握住我的手，我很高興。當你一旦結婚，這種事情不太常發生。我一定還是頗有魅力的。爲什麼不呢？不必告訴任何人。我可以玩一玩。我不相信在婚姻許可之外的性享樂是什麼了不起的罪惡。我不相信靈魂的不朽。我有限的靈魂帶給我的痲煩已經夠多了。但是我想到比罪惡更糟的事情。我可能會傷害到我從來不曾——連一秒鐘也沒有——傷害過的丈夫。如果我和這個男人出去，即便只是一個下午，讓他碰觸我與我丈夫的身體親密過的身體，我就會傷害到他了。我會玷汚我們趁孩子睡覺的時候在床上做的事情。我並不遺憾這個男人對我要求這種事。女人喜歡知道她還有選擇。但是我確定我不會接受。我害怕的不是丈夫會發現。我害怕的是，我對不忠的知覺會悄悄滲入我們的生活，會破壞我們所達成的某種絕對親密性，會不知不覺傷害我們倆。我懷疑我只是拘泥於傳統、害怕生命、太過謹愼而不敢在大海中盡情一游。那是可能的。但是我嚐過孤獨的滋味，我知道我不能傷害我的愛情，甚至將之引向危險的水域。也許這就是恐懼。也許這是我們所謂的愛。我不會破壞他對我的信任。畢竟我對他的信任是我生命的基石，如果沒了，一切就會垮掉。所以我喝完咖啡就回家了。

一夫一妻制有其代價，也有其回報。如果在哪個地方碰到哪個人，我會不會變成一個更有趣的人、變成對配偶更好的愛人，或變成更有智慧的人？我永遠不會知道答案。我確實知道的是，不管這樣想合不合理，要像跟我丈夫那樣和另外一個男人在一起生活，那是無法想像的，會擾亂我們共同織就的生命之網，會刺激並撕扯信任的根柢。

我知道還有其他看待的方式，其他女人會玩，也當作是逢場作戲。有些女人全憑自己喜好行事，有些女人如果丈夫沒有刺激或浪漫的外遇情事，她就會覺得多少有點失落或不完整。這我可以理解。有些男人，婚姻枯竭了，要面對抑鬱而易怒的妻子，妻子卻又覺得寂寞得無法忍受。這不是罪的問題，是環境需求和心靈的問題。我自己只能保持忠心，不是因爲神聖的誓約，不是因爲小孩（她們已經長大了，我做什麼事與她們無關），而是有一種東西是我不想挫傷或摧毀的。我希望我的愛情會跟我的壽命

V

爲人父母

甜蜜的負荷

狀況眞的棘手時，小孩就麻煩了

另外一個幸福的負荷，或者造成負荷的幸福，就是小孩。大約每十年左右就有女人寫書，談到如果她們沒有小孩，日子會如何如何好過一點，諸如此類的。她們談到小孩所消耗的經濟和情感資源，談到對於女性創造力和時間的佔用，以及如何被這個並不關心她們個人最佳利益的社會引誘進入生殖的活動。出現在所有這些書中的一個共同的論點是，小孩破壞了成人之間的愛，他們以及他們漸漸出現的人格，硬是闖入了兩人世界，弄髒了父母共同織成的地毯。

這些批評者攻訐的目標是大部分人生命中的極樂也是禍源，而她們說的也沒錯。小孩的確對婚姻造成可怕的壓力。他們就像警察用來偵測血跡的藍燈，效果顯著地將我們的弱點一一揭露。他們改變我們，以及我們的可能性。小孩影響我們搬遷的選擇、支出以及更換地點的自由。我們的福利不再只是我們的，還包括他們的，所以我們的快樂也要以他們的快樂作擔保，而他們的快樂到時候就會使我們暴露在危險、潛在的不幸、窘困、羞辱以及痛苦的煎熬之下。其實要是我們沒有墮落到只以繁衍子孫爲目的的地步，我們大可以避免上述情況。我非常了解沒有小孩的婚姻在很多方面強過有小孩的婚姻。我完全尊重並了解做這樣決定的人。

我曾經在某些艱難的時刻想過，我生小孩是不是一個錯誤。如果寫作是我生命的唯一課題，而不只是競相佔用時間的活動之一，我的工作是不是會更有活力，我是否能更妥善地使用文字好供我驅策。如果我不必每天到托兒所接小孩，我是不是會變成美國的喬治・艾略特？而且，如果我繼續上網球課，我可能會變成專業的網球選手。的確，我可以在巴黎有一座公寓，到肯亞做薩伐旅，用一部分的授課費用去參加西伯利亞鮭魚補獵之旅。也可能會有好幾打豪放大膽的戀情，而每次的戀情都會讓我認識新的人、新的環境、新的想法。如果我選擇的不是婚姻而是冒險，我會有什麼樣的識見聽聞，又會有什麼有趣的靈感會是我的書籍題材。

當然人永遠無法得知未走過的路上會有什麼。但是我知道如果讓我再一次選擇，我還是會結婚並且生小孩。這樣的聲明可能只是酸葡萄心理。小孩加在婚姻上的壓力、在種種情況下要如何做的千百種壓力、爲小孩擔心、因爲小孩的大小問題而和丈夫產生的衝突，連在經濟上的奮鬥，其實都在我們的婚姻之中創造出最鮮明的色彩。我們對彼此的愛和我們與小孩一起度過的生活，並不是兩件不相干的事。小孩並不會轉移或減低配偶對於彼此的愛，反而會加強連帶關係，以家庭的形貌來塑造，除了我們自身之外，小孩再多給我們一個存活世界的理由。沒錯，我們會在某個周六上午去動物園，雖然我們比較想去的是博物館。沒錯，某個夏日午後我們會去公園，雖然我們可能比較想去有空調的電影院看電影。也沒錯，發生問題的時候，我們得學著不要避開彼此。我不喜歡他的壞脾氣，他看不慣我的緊張兮兮。凡此種種都是我們必須處理的，而在處理過程中愛情會更增長。小孩讓我們枝葉繁茂，使根紮得更深。他們不是阻隔了我們，而是我們的一部分。

亞當和夏娃在伊甸園裡面沒有小孩也過得很好，只有在墮落之後才開始他們的生活；這告訴我們，若非伊甸園不是小孩的地方，就是有小孩的地方不是伊甸園。要在淵遠的歷史中佔有自己的位置，就意味著生產並照顧小孩這未來的主人翁，因爲小孩就是他們的未來。沒有理性的理由可解釋爲什麼有些人就是無法自外於這個過程，而有些人可以。但是這股拉力似乎是很強大的。達爾文如是說，事實亦然。深植於我們身體細胞內的本質會將我們拉向繁殖之路。我們和所有生物的牽連，在我們內在創造了某種當父母的需求，這需求就像性衝動一樣強烈，像生存的渴望一樣有力。繁殖並多產，似乎並非耶和華的允諾，反而是基因驅動的迫切需要，然後我們的文化又予以強化。生養子女的慾望似乎是跨越疆界、國界、種族、宗教、貧富，也包括所有在模糊地帶無法界定的人。地球的每個角落，在冰屋或叢林小屋中、在嚴苛或溫和的氣候中，繁殖就是生命的重點，至少要維持到哪一天某個神聖的啓示或神蹟出現地球之上，結束我們所知的這種循環，並將時間的歷程，以及個人無可避免的死亡從這個世界移除爲止。

近來我們看到，許多不管哪一性同性戀者，一旦有機會都會想要生育及撫養小孩。即使過去有些時期，生育小孩經常造成母親的死亡，而初生小孩存活的機率低於十分之一，男人還是會繼續播種，女人還是會孕生子女，一個接一個。在賴斯特（譯註：Joseph Lister，英國外科醫師，首創手術消毒的方式，並採用紗布及腸線）關於洗手的觀念被接受之後，才終於結束了致命的產褥熱。但是在這之前，我們讀到巴黎產房的死亡統計，大量的新媽媽於分娩之時夭亡，你會想，一個腦袋清楚的女人怎麼會讓男人靠近她們的私處。爲什麼她們不都去當修女以自保？

有些動物只在有足夠食物給新生命的時候才會生產，如果有洪水、火災或大量天敵出現時，牠們可能根本不生育，或者不那麼頻繁。但是在人類身上，這種智慧似乎完全不起作用。看到一些飢荒地區飢餓的孩童面孔時，我們會問，爲什麼這些父母還讓自己有生小孩的機會，儘管他們知道這嬰孩可能會死。人就是會這樣，他們就是要做愛，可能因爲性和生育是相關的，即使稻作不興、戰爭肆掠，他們也不願意放棄這依然存在的享樂機會。但更可能的是，推動人類繁殖的潮流如此強大，並非多數男人或女人所能抗拒的。

小孩是不離婚的好原因。但是小孩經常也是造成離婚的壓力。我們不會這樣告訴小孩，不只因爲他們當然是無辜的，他們只是陷入父母婚姻的糾葛當中，也因爲他們的存在讓婚姻裡每件事情都加添了色彩：對婚姻的樂觀、對自己的信心、和繼續下去的勇氣。

不孕

潛在的痲煩在生產之前就開始了。每個人都知道受孕的不易是婚姻中會承受的一大壓力。不只因爲試圖受孕時，雙方做愛會有例行公事般的生硬感，也因爲懷孕失敗後造成的重大心理負擔。原有的希望破滅了。每日生活在想望和不可得中，會造成傷害。治療不孕的危險、花費及困難都很大，也必須很努力不去怪罪造成受孕困難的一方。對於其他容易懷孕夫妻的憤懣，還有無法表達的非理性或痛恨的感覺，都在原本混雜的情感中再添一道壓力。

許多人花很多年時間致力於生育，並克服嘗試生育所帶給婚姻的壓力，不管到最後是否會成功。但是不孕會使每個人的婚姻非常、非常難以爲繼。無法受孕生子，會讓女人覺得在某些很重要的方面抬不起頭。不怪罪配偶、不怪罪自己、不影響婚姻的快樂，這些都需要技巧和溫柔，以及對另一半的同理心。對於男人也是如此。

生不等同於養。雖然對有些夫妻來說，無法受孕會使婚姻巍巍顫顫，有如以木樁支撐的房屋面臨熱帶暴風雨的襲擊。父母之爲父母，事實上是養育小孩的過程，那才眞正是個人努力的所在，也是生命的重要訊息代代相傳之所繫，因此認養小孩會使夫婦雙方再度找回平衡，回到他們渴望盡力的原點。但是認養的過程也很困難，而且佈滿危險和失望，包含了等待、希望及不可思議的身心壓力。

過了一個月又一個月受孕不成的失望，還要承受更多的失望，認養機構、律師、醫師、實驗室，可能沒有任何電話通知，要不然就是帶來了壞消息，面對這些失望需要很大的彈性，也試探了男女配偶之間的情感深度。對大多數人來說，有小孩是很重要的，沒有小孩就變成是對夫妻的責難，是他們難以承認的相互失敗，會籠罩生命中的其他事物，有時甚至導致彼此分離。

一對夫婦有了小孩，婚姻就會增添新的樂觀情緒、活力和相互的興趣。而他們對未來、對彼此、對社會、對世界的投資也會加深。這樂觀情緒說：「我正在做的事情是好的，我之所以爲我是好的，我的小孩是好的，我們的一切都會很好，我們是有力的組合，我們團結在一起，我們的身體健康、心靈健全，我們會是好父母，有令人驚喜的小孩，他們會長大，如果不是變成不平凡的人，也會是好人，對於世界會有貢獻，也會像我們一樣快樂。」這種樂觀情緒（總是稍帶新鮮的稚嫩）是一個人所能保有的較好的情緒狀態。這是婚姻的救生筏，帶人度過照顧新生嬰孩最折騰的前幾年。

樂觀情緒的反面是無後的悲傷，身體有問題、事情不順遂、我們的結合受到威脅、代價很高，相互的承諾也受到質疑。這很嚴苛。它會發生在許多人身上。如果一切都順利，這樣的困難會使兩人結合而不是拆離，會加深兩人的感情而不是削減。上面這句子中的「如果」是很貨眞價實的「如果」。

有些人眞的不想要小孩

當然會有人抗拒生小孩：非常謝謝你，可這不是我要的。這種立場的理由充分。這樣的決定有時來自不快樂童年的黯淡歲月，由政治或個人的創傷所造成。這些早期經驗的結果可能留下黑暗的生存觀，可能致使成人不願將新生命帶到世界上。有時候父母或手足方面的疾病可能會對於未來的小孩造成危險，所以不應該生。有時候女人看到自己母親並不快樂，有的母親將一輩子奉獻給子女，而子女卻不懂得尊敬她們，有的母親生活空虛，因爲生命中的失望而沮喪、喝酒過度、過胖等等的。因爲看到母親的生命爲了子女而遭受摧殘，有些女兒就會發誓絕對不重蹈覆轍。有時候，男人因爲小時候被父親遺棄，或者母親早逝，於是不希望小孩承受他們受過的苦，或者覺得既然從來沒有人給過他某些東西，那他就不該被要求要給予小孩這些東西。有些男人或女人會告訴你，他們還有別的事情想做，當飛機駕駛、外科醫師、卡車司機等等的。他們不想背負另一個重擔過活，他們只想爲自己活。也許他們深信這是在保護環境，而不生小孩是對於人類有益的利他行爲。

選擇不生育子女，或不斷延遲直到實際狀況眞的變得不可能有小孩，如果這是婚姻雙方共同的意願，那就不會傷害任何人，當然也不會傷害婚姻。但依然可能影響婚姻品質的是，往後可能出現的抱憾——任何一方在過去遲遲無法決定的有害殘留。讓人減少快樂的痛苦可能會伴隨著婚姻，也可能不會。可能雙方中有一方比另外一方更強烈拒絕生養小孩。這會變成婚姻蘋果中的害蟲。我相信強烈的樂觀情緒雖有點荒謬愚蠢，卻是有效的滋補劑，對於病痛或以後會有的病痛是好的，當婚姻面對未來的阻礙時也會保護它安然度過。

在世貿雙子星大廈遭恐怖份子攻擊之後，我聽過有人說他們不想將小孩子生到這個瘋狂的世界。就歷史的角度來看，這是短視的。二次世界大戰中躲避納粹的時候，還是有父母受孕生小孩。史達林格勒的廢墟中，或逃離蘇維埃壓迫時，在古拉格、在難民營、在內戰中，或者在英國人焚燒華盛頓、哥德蠻族摧毀羅馬城牆或十字軍洗劫耶路撒冷城的時候，都還有父母在生育下一代。中國人在經受飢荒或受到洪水風雨襲擊之後，總還是有新生嬰兒在周遭的混亂中睜開眼睛。這個世界可以說任何時候都很可怕，人類的命運經常是不幸的，如果我們在孕生子女之前必須先確定他們能快樂平安的生活，那麼我們只能確定那就是人類世代的終結了。

恐龍的消失或許不是因爲隕石或氣候的鉅變，而是因爲他們心灰意冷，拒絕在這種不確定的環境裡孕生下一代？

黑暗面

不是說生了小孩就代表一切稱心如意，或是所有母親都會滿懷歡欣和喜悅迎接新生兒。母職的理想、母親節的花朵和寫了謝謝您的卡片，這些當然都很好，我們的商業社會透過這種方式向家庭事物笑臉相迎。但是任何了解狀況的人都知道，母親可能會變成巫婆，而生活也不是賀卡。母親可能會因爲嬰兒吵鬧要求而勃然大怒。新生寶寶的哭鬧和需求會使一些母親覺得很無助、無能和易怒。有些女人會把這股怒氣往自己身上發，而有自殺傾向。有些則會往外發洩而傷害自己的小孩。

我們知道有少數比例的女人會陷入生理因素誘發的產後憂鬱症，有些會因爲腦中化學的失衡而發瘋，企圖傷害自己或小孩。她們所經歷的憂鬱症半爲憤怒半爲悲傷。可能會轉變爲致命的精神症，就像我們看到的安卓雅・葉慈（Andrea Yeats）的例子，二〇〇一年夏天在堪薩斯城，安卓雅因爲嚴重精神疾病發作的強烈痛苦，將她的五個小孩淹斃後，在房子裡狂追她七歲的兒子，抓到後也把他淹死。這幕景象簡直恐怖的令人難以置信。她打破了我們對於母性美德的信任，不再相信母親保護子女的本能，母愛無盡的神話。我們以爲母親是站在我們和殘酷世界之間的緩衝。

她變成童話故事裡的巫婆。我們對母親的感覺總是會一分爲二，好母親和壞巫婆。即使沒有那麼清楚地對自己說，我們也都知道媽媽會有不友善的情緒，有時候我們或她自己都會覺得自己很邪惡，隨時會下毒、烹煮或把小孩淹斃，很不幸的，這樣的情節並不限於童話故事。

安卓雅・葉慈的故事特別有戲劇性，但是我們不斷聽聞有母親將小孩遺棄在孤兒院、醫院或親戚處。有的母親因爲無力撫養小孩而搭乘第一班火車離開小鎮。有的母親本身就深感欠缺，她們幾乎無法付出，無法一天二十四小時在旁邊照顧子女，好比蘇珊・史密斯這樣的母親，她淹死自己的小孩，因爲她希望能和富裕的男友結婚。也有母親任由男友虐待她們的小孩，甚至致他們於死地，像赫黛・努斯堡，她的丈夫喬伊・史坦堡在她面前鞭打他們的小女兒麗莎，而母親視若無睹，八歲的小女孩就這樣活生生被打死在浴室地板上。

我們聽過希臘神話中米蒂亞的故事，她因爲丈夫傑生的背叛，憤而殺死他們所生的小孩。她氣得發瘋了，人家便當她是罕見的怪物。但是看看，有的母親利用子女、傷害他們，以便折磨離她而去或想離婚的父親，這樣的母親有好幾兵團，要怎麼說呢？又有些母親只因爲要懲罰她們曾經愛過的男人，便攜帶子女遠離父親，只爲剝奪他和子女輕易會面的機會，又怎麼說？

基督徒相信，上帝犧牲祂唯一的兒子以贖我們的罪。也有父親犧牲小孩的故事。亞伯拉罕願意爲他的上帝而如此做。阿加曼農（Agamemnon）眞的殺了自己的女兒伊菲吉娜（Iphigenia）好在戰爭中獲得神助（譯註：典故出自希臘羅馬神話）。久遠以前，南美大陸深植的處女犧牲儀式、非洲軍隊將孩童兵以死祭獻，都是人類模式的部分，這種模式中較弱者或較幼者會爲了別人所欲達成的目的，成爲焚燒的犧牲品。掌握政治權力的成年男人在戰爭中犧牲自己的小孩，這樣的事層出不窮。有些亞洲國家會殺死他們不要的女嬰。關於對孩子的愛、自我複製的需求等種種說法，都發生在這個以殺嬰弒童來解決當時宗教、政治、人口困境的世界舞台上。

事實上，也許程度不同，不過每個母親在某些時候都會對小孩發脾氣。差別在於，大部分的母親都有許多好的情感，偶爾激起的負面情緒也會像夏天的暴風雨一樣過去，而不會威脅到母親或小孩的幸福。進到房間看到五個月大的寶寶向你微笑，看到小手伸向你，伸手撫觸寶寶光滑細緻的皮膚，幻想小孩未來的生活，聽到親柔的唔唔聲，看著小寶寶的眼睛跟著某個物體的運動而上下移轉，這些看起來微不足道的小事，和育幼工作以外熱鬧鏗鏘的世界相比可眞是無聊，但是對每個父母來說，卻是窩心的禮物，是三更半夜起床的理由，是放棄消遣、假期、從前的娛樂的理由，這些理由是理所當然的好，不需辯駁。

但是徹底的疲憊、一天只睡不到幾個小時，都會使人容易發怒，動不動出現悲觀的想法，害怕那已經造成的事實。人類身體孕生的嬰兒在這個階段就是這麼無助而且依賴母親的臂膀，而憤懣就是會包含在整個經驗裡。看到寶寶睡在自己的臂彎也許是天賜之福，但是如果要他睡覺但他却哭鬧不停、怎麼做都不合他的意時，就不是那麼幸福了。母親即使沒有患產後憂鬱症，依然會覺得，從爲自己而活的日子過渡到大部分爲了另一個人而活，眞是既艱辛又令人幻滅。

美國有些家庭會將怒氣視爲不當，甚至是罪惡的。安卓雅・葉慈可能就是生活在這樣的環境中。在這樣的家庭裡，很難紓解照顧小孩時會出現的正常的憤怒和失望。如果你不讓自己有怨恨新生嬰兒的片刻，如果因爲一時出現這樣的怨恨而使你感到無比罪惡，以至於你必須逃離那種感覺，推開那種感覺，但這樣一來憤怒可能變得更容易被刺激，甚至更囂張，進而威脅到小孩，甚至是母親自己的性命。

所以即使沒有患產後憂鬱症或其他臨床病症的母親，即使有寶寶帶來的歡愉和喜悅，有些還是會因爲睡眠不足、無盡的自我要求而憤怒。承認你的憤怒、新生者無情的索求、母親的新角色所帶來的驚慌，將這些變成可以接受的公開想法，這樣的話，全家共同努力的希望感或許可以保留下來。在這新生派對中已有各種情緒存在，如果允許憤怒加入並讓它佔有一席之地，憤怒就不會如此危險地燃燒。儘管全國各地脫口秀和告白的無聊話滿天飛，在美國有許多事情我們還是很難對彼此啓齒。對於嬰孩暫時而偶發的憤怒就是被忽略的一種，而這是危險的。

除了對新生嬰兒的憤怒之外，還有其他的憤怒是父母親隨著時間的過去也必須處理的。兩歲大的小孩拒絕從澡盆裡出來，四歲的把積木丟得滿地都是，五歲的則嚶嚶哎哎哭個不停。三歲的不要吃她盤裡的東西。七歲大的要在院子裡玩不想進來。十歲的不做作業。他們又打又咬，每個人都受傷了。他們推擠、搶玩具、欺負別人。人心卑鄙的一面在小朋友身上赤裸裸呈現，那些佔有、奪取、主宰、消滅敵人的種種慾望，眞會讓父母憤怒、傷心，和挫折。家庭生活中會有的奇妙樂觀情緒開始失去部分的光芒，或者光芒可能被烏雲遮蔽。

我小孩的爭執宛如山谷回音般回應著我雙親間的爭吵，結果全成了我腦中的噪音，使我怒火中燒。即使我知道一個在哭，另一個本性頑皮，這些都不是世界末日，我還是感到一股絕望感從胸口升起，等它消退之後會覺得好空虛、好無力，而深深受挫。小孩彼此叫喊的殘酷聲音，最讓我受不了，我會因此失去平衡感。但是這些都再平常不過了。兄弟姊妹會互相推拉，只要關上門不要管就好了，我會這樣告訴自己，同時雙手顫抖著。如果這時候有人問我，我會說：「生命不值得這樣，我想逃走！」當然我沒逃走，我不能，我也並不是眞的想。但是這樣的想法會短暫出現，讓我見識到自己那無法預料、突如其來的狂暴怒意並非深埋於心靈中，它就在我眼皮子底下伺機而動。

三歲的小孩衝出人行道跑到馬路上的時候，父母親會突然感到無比恐懼，而當他再度安然無恙被拉回到人行道邊時，他們會氣得打罵小孩、會哭、會失控，却又怒不可遏。在這種情緒中有恨意在。但是這是一種複雜的恨意。那是因爲父母太愛小孩，害怕失去他們，來來往往飛快的汽車摧毀父母的控制力。是誰嚇到父母？這些恐怖的感覺要怪誰，絕不是衝到馬路上的小孩吧？我們生氣絕對不是針對我們愛的人。是愛沈重的份量讓我們變得如此氣惱。

這些都和婚姻有關係。小孩變成婚姻的一部分，於是小孩的幸福對於家庭喜樂就很重要了，而在現代美國人的婚姻，男女關係便不可能不受他們所生養的小孩的存在和經驗的影響，不可能完全與之無關。在英國上層社會，父母把小孩放在育幼院，雇有保姆照顧，長大一點就送到寄宿學校，他們的婚姻或許比較不受到小孩的影響。但是在現代美國家庭，小孩是樹的果實。如果果實枯萎，樹大概也活不了了。

暴風雨

如何忍受小孩不乖的這段壞時光，當這段時光變成我們自己的歷史，這段期間要如何回應伴侶，這就像南北戰爭是美國歷史的片段一樣，當小孩生病、需要動大手術、另外一個逃學，或者是十幾歲的不想待在我們身邊、不聽我們的意見，當這些都變成我們的歷史、我們婚姻卷冊的篇章，使我們成爲一體，這時該怎樣經營這個家？上述狀況也可能使一個家解散。

我們的一個小孩在十二歲的時候感染嚴重的流行性感冒，引發肺炎而待在醫院，好幾天帶著氧氣罩。後來初發的肺炎退了，但是幾個月之後她又發燒了。抗生素服用了以後有效，但是如果停止，發燒咳嗽就都又復發。她因爲肺炎導致支氣管擴張，這是肺的某些部分慢性發炎，抗生素並無法完全作用到此，最後他們要幫她動手術移除一片肺葉。在她生病的這段期間，我們的婚姻遭受最嚴重的威脅。我無法思考別的事情。我無法談論別的事情。我無法讀書或寫字或打電話給朋友。我的心思完全被佔據，只煩惱她的發燒、她沈睡或清醒的時刻、她約診的時間、她的每一聲咳嗽都像針一樣刺著我；我一直煩惱到得知肺部的損害可以手術治療，而她可以活下來並復原。我不想讓她知道我有多憂心。當然我也無法完全掩飾。

我的丈夫却只是沉默地憂慮著。他愈擔心話就愈少，什麼都不說。對我來說他好像完全不存在。他沉默。他工作。而我則一再檢查她每天的細節狀況。我說的話，他好像全沒在聽。他憂慮時的反應就像隻受傷的動物，會離開到森林裡面，躺在倒下的樹旁，孤獨地將自己藏起來。我的反應則是發瘋似地到處奔跑，尋找一隻可以握住的手，想要講話。當我們在多數時間要互助及互補的時候，這種人格上的差異有許多優點，但是當小孩生病的時候，我一個人面對恐怖，孤獨感使我對他發飆。我以為他生我的氣。我以為他沉默的態度，以及他在自己四周築起一天比一天高的牆，是為了要把我擋在外面。最後，當她終於要動手術的時候，我們一起站在手術房外面的走廊，在那裡等待醫師宣佈結果，一直等，這時我感覺他的肩膀靠著我，他的手緊緊壓著我的手，我看到他臉部堅毅的表情，我才知道，不管在那扇緊閉的門後最後結果如何，我們是在一起的。

他們把她送到加護病房，她身上插著輸送血液的管子，小小的身體躺在心臟疾病成人患者用的大床上，我們看到她的臉色已經比她生病以來的狀況要好。手術醫師和小兒科醫師告訴我們，一切狀況良好，然後我看到丈夫彎下身，非常輕柔地親吻她的額頭，這一刻，我又看到他的成熟和初戀時全然的付出。

碰到小孩狀況危急時，有不同的原因讓夫妻產生距離，如果這疾病會導致死亡，那麼在這個小孩夭亡並不常見的現代世界中，會迫使夫妻雙方看到剝離了正常角色的對方，平常具保護作用的外表此刻不復存在。兩造的敏感、被暴露的赤裸裸的焦慮都很容易引發衝突，嫌惡對方，責怪彼此或退縮。這些情緒和感覺高度情緒化的時機，在每個人身上都不一樣。任一方都可能沒有發現另一個人逐漸劇烈的需求，衝突於是出現。

若小孩出生便帶有嚴重缺陷，會給婚姻造成無比巨大的壓力。會打破伴侶雙方原本樂觀情緒的外殼。沒有人料想得到的可怕事情發生了。如果小孩出生就聾或盲，心臟有一個洞或臉部畸形，智力殘缺，或患了各式各樣的自閉症，父母會有一陣子哀痛他們原來想要的完美小孩不可得，然後開始盡其所能給這個小孩世界上所能提供的最好的醫藥和教育。他們能夠藉由研究小孩所患的病、照料或募集對抗此疾病的基金，而從傷害中回復驕傲尊嚴。他們會因爲有了其他小孩，而他們沒有罹患遺傳性疾病，沒有受到意外傷害，心智或身體都沒有問題，而因此恢復部分的平衡。

毫無疑問，失望是痛苦的，這種事情可能發生，所帶來的痛苦以及痛苦的後續效應一定會對婚姻造成壓力，因為伴侶雙方失去了對於生命中美與善的信心，不再相信他們愛情的未來以及它會帶來的美好事物。通常會有責備對方的傾向，如果不是明顯是誰的錯，他們甚至會怪罪自己。有種傾向是針對自己：如果我不要喝那幾杯咖啡，如果我在大學的時候沒有偷嚐藥物，如果我以前乖一點，上帝就不會這樣對我了。對任何人都是這樣，不管他是做什麼的，不管他到底是誰。這會抹煞整樁婚姻重新開始的願望。很難處理得好而不傷害對方，不割離兩人情愛的關係。即使是性，這一切開始的原因，也會變得可疑，變成敵人而非朋友。

若小孩一出生就有嚴重損害身體的缺陷，上述的情形便清楚可見，但是若小孩只是在某些較常見或比較不可怕的地方讓人失望，同樣的歷程也會出現。這個孩子突然不想和爸爸玩丟球的遊戲，而想和媽媽一起聽音樂。那個孩子體重增加太多，變得拙拙的很不雅，看在她美麗母親的眼裡就好像外星人。小孩有時候就是會變成不全然是我們希望的模樣。這也會給婚姻帶來緊張壓力。夫妻倆以各自的方法、各自的速度，很慢很辛苦地才放棄原本的期待。父親因為對兒子失望而漸漸遠離家庭，或者母親可能因為女兒剛放棄對她甚為重要的鋼琴課，而調整工作時間，每天愈來愈晚回家。在眞正認識自己的小孩人格的過程中，夫妻可能會互相指責小孩的不是，可能會有一段時間失去家庭的樂趣，而因爲樂趣減少，枕邊的歡愉也隨之減低，或是外在成就的慾望降低，或就只是情緒不佳，家中一片晦黯，影響所有的家庭成員。不小心的話，最後還可能使夫妻疏離、感情失和。

每樁婚姻都必定有段幻滅期。養育小孩會加速這個過程。我們所有的缺點、脆弱、幼稚、怯懦、膽量、不同的適應風格，都會因艱困處境而一一揭露。我認識一對夫婦，他們有三個小孩，兩女一男。男孩讓父親很失望，這位父親是位頗具名望的數學教授，在這領域做了些有價值的貢獻，但是男孩就是不喜歡數學。他對數字非常沒有興趣，對於父親的另一個熱情所在，古典音樂，也同樣不感興趣。他上鋼琴課但拒絕練習，在這方面沒什麼天份，最後他們終於放棄了。小孩喜歡動物、故事、運動，在運動場上表現甚佳。但是父親還是比較喜歡和女兒在一起。其中一個下棋下得很好，另一個似乎繼承了父親的數學天賦。他們全家開著休旅房車到國家公園去玩。他們在大峽谷外的某個加油站停下車買飲料。再回到車裡時，小孩坐後面，父母在前面，開了大約二十哩路後，母親才發現有一陣子沒聽到兒子的聲音。她喚他，然後回頭看。男孩沒有在那裡。他被留在加油站了。男人掉過車頭衝回去，發現小孩坐在野餐凳上，滿臉淚痕。母親認爲是父親不關心他的兒子，才會讓他留在那裡，也沒有想到要檢查他在不在。這件事變成壓垮婚姻的一根稻草，其實他們的婚姻早就有問題了，返家之後不久，這段婚姻關係便結束了。不是小孩的錯，但是他的存在對婚姻造成了不利的影響。

讀到這裡你會說，多可怕的男人，他應該不管兒子的性向、或生命的道路是什麼，都要愛他才對。要批評別人的事情很容易。我們腦中都會有清楚的畫面，記得我們的小孩還有我們和他們的關係等等，也因此失望過、受傷過、感覺受排斥，也會反過來排斥某一個小孩。有時候，對小孩的看法竟也會阻礙我們親近他們本來的樣子。這不是過錯，也不是因爲家庭價值墮落，只不過是平庸的人性弱點，而它有可能破壞任何一個家庭。

我們必須替小孩感到驕傲，對於身爲父母感到驕傲。如果小孩口吃，或害怕上學、長疹子長到沒人認得出他、有嚴重的學習障礙或攻擊性太強，或者在應該可以自我控制的時候還會尿床，做父母的會覺得應該負起責任，覺得小孩的缺陷其實是我們在養育上造成的。這也會在伴侶之間引發問題。假如你如何如何，他就不會這樣了。假如你不要保護他、寵他、不要工作太晚、和你媽媽吵架、在他面前哭、強迫他讀書等等，他就不會這樣了。不過，背後卻藏著我們都不太能形諸於言語的事情，假如你們的小孩心智不健康，有同班小孩所沒有的缺陷，就會產生一種感覺，好像是你、你的配偶或你們的婚姻要負責，是因爲某些不好的選擇或一連串不好的選擇，或只是因爲你們不勝任，才造成這缺陷。這感覺很糟，會在婚姻的背景中變成有毒的成分。「你的錯、我的錯、我們的錯」的氣氛經常會無聲的瀰漫在家中，破壞家庭每個成員接納快樂的能力。漸漸堆積起來的壓力會讓一方遠離對方，或彼此疏離，而轉身投入問題以外的人的懷抱。這很容易理解。

很多年前，我還在讀大學的時候，有一個月去造訪南卡羅來納州的公社，那裡有一群有理想有抱負的人共同生活，一起種田並經營玩具工廠。他們都是可愛正直的人，有些人有虔誠的宗教心，有些人只單純相信公社生活。我覺得自己找到了完美的地方，土地很美，山谷外的群山有如哨兵一樣護衛著這座公社。許多家庭共用廚房和餐室，一起計劃每件事，他們這種生活比我所知的任何狀況都更快樂、更好。那時我沒有伴侶，而這社區不接受單身者，我心不甘、情不願地回到學校完成學業。我想，等我準備好組成家庭的時候，我再回到這裡。就在我離開後幾個月，公社中有個男人開卡車倒車出庫，却輾過在玩石頭的隔鄰三歲小孩。小孩死了。這當然是意外，但是又過了幾個月，公社便解散了。有些成員移居到其他公社，有些回歸城市生活，重新他們之前放下的個人事業。當我問到公社爲什麼解散，他們告訴我小孩的死讓整個氣氛怪怪的，沒有人想繼續留在那裡。我想，是那種樂觀氣氛和努力便有好報的信心破滅了，即使是最好的公社生活也無法克服宇宙中殘酷的現實，公社和宇宙的衝突刺穿了他們共同努力的希望，讓它像汽球一樣洩了氣。

小孩的問題對婚姻的影響，就像那三歲小孩的死亡。難以承受的痛苦威脅雙方的結合，讓希望粉碎。

即使在我們這個動不動就出現「我們來談談你的恐懼症或是你亂倫的創傷」這類話題，過度講究心理治療的社會裡，倘若我們有情緒上的問題，我們還是會感到羞愧或尷尬。我大女兒三歲的時候很脆弱而且容易興奮，她雖然很有天份很可愛，但是一分鐘都靜不下來，你緊張她會更撒野。這不管對她或對我來說，都很辛苦。她老是在公眾場所吵鬧出醜，而我就會覺得自己是個無能的媽媽，因爲我沒辦法使她靜下來。她好像不太喜歡其他小孩，我能感覺遊樂場中、育幼院裡以及超級市場中其他父母既看不慣而又自滿的氣息。

我是一個離了婚的單親媽媽，知道自己做了什麼事，我知道是我的錯。我去請教著名的兒童精神病學家。他向我解釋，像她一樣的兒童有三分之一會隨著時間而改善，有三分之一會更糟，有三分之一會一直這樣下去。離開他的辦公室時，我盡量不讓自己被恐怖淹沒。我努力將注意力集中在改善後的三分之一：但是能改善到什麼程度？維持原狀不夠好，變糟簡直無法想像。我站在街角等待交通號誌改變。燈變綠了，我竟然無法跨出人行道。我突然害怕移動。旁邊有陌生人問我還好嗎。我還好。我過了馬路。但是恐怖的感覺卻沒有完全離去，連電話聲響起，或某個記憶或聲音，都會喚起這種感覺。在我再婚之前，我現在的丈夫收養了她，我們的家庭漸漸建立，但顯然她是一隻受傷的鳥，內心充滿風暴，洶湧沸騰到危險的程度。我的丈夫很堅強很穩健，但她常會使他生氣。我很敏感、易受驚嚇，因爲她的胡鬧而心力交瘁，他若對她生氣，我就對他發脾氣。他大吼，我就顫抖。我們爭論能花費多少資源在她的照護和特殊教育。我很不實際，他比較實際。我要他救她，他要我看遠一點，要考慮整個家庭。她在學校有問題，在營隊裡有問題，衝動、暴躁，而且經常做惡夢，我覺得自己眞是失敗。要讓那失敗感或罪惡感不要滲到其他小孩的生活中，或讓我的婚姻免於內心滋長的失敗感所影響，兩者都很難。有些地方我成功了，有些地方沒有。

現在我看到我週遭的父母親，爲了小孩的問題而與大大小小失望的情緒掙扎著，我知道父母最初總期待自己的小孩會無憂無慮過著幸福快樂的日子，但這種最初的期待經常會被現實生活所削弱。不是父母不愛或不想要這些小孩，父母也不會支持小孩對什麼東西上癮或去鼓勵小孩抵制社會，或帶他們進入狂熱膜拜的隔絕境地。只是我們的人格因爲不平衡、受傷，或者不穩定的緣故，不管有意或無意，有時候就是會製造出不是我們想要的那種健康的小孩。我們並不像自己想的那樣健全。身上的基因有時候對我們有利，有時候不。心智生活和物質生活也是如此。

並不是說小孩未來不會成功，或表現超越我們的希望。許多人成人之後變得成熟，有自己的家庭以及成效卓著的工作，並克服許多問題。但美國家庭並非一切完美，果眞如此，我們就不需要書、小說或電影了。我們會像飽餐後的小貓咪，舒適地躺在爐邊發出滿足的聲音。

爲人父母——機會平等的差事

假如父母中有一方比另一方更熱中小孩的事情，婚姻也可能失衡。父親或母親可能因爲傑出的小孩而落到次要的位置，這優秀的小孩即將贏得棋賽、在馬賽中贏到藍絲帶、在網球比賽裡脫穎而出、獲得獎品，或者就是比你的另一半更値得愛，因爲另一半有些地方不那麼突出了、已經退化了，比不上在小孩身上可以看到的希望。父母可能會在小孩的身上看見自己的二度機會，然後不管是在棒球或課業上，小孩每一次的成功在某方面都變成父母自己的救贖。假如這種感覺夠強烈，可能會排擠掉另一半。小孩的確讓我們在旋轉木馬遊戲中得到取得金環的第二次機會。這可能讓婚姻更豐富，也可能扭曲它。如果父母中有一方從小孩日常生活的意義圈子被排擠出去，這一方就會漸漸疏離，轉而注意家庭以外的其他人，有時候父母也會利用小孩疏離自己的伴侶。

如何教養小孩也是父母之間潛在的痛處。我們都有自己的童年記憶，不管是好是壞。我們想要用跟我們父母完全相同或完全相反的方式來教養小孩。就某方面而言，小孩的童年教育就像是給大人一次機會，給自己的父母看看他們過去應該怎樣做，等於是證明我們的智慧和價值的好機會。我們開始想，我們會做得比以前好，畢竟一代要比一代好。我是保姆帶大的，所以絕對不想讓我的小孩給保姆帶。我要日日夜夜照顧他們，我以爲這樣小孩就不會覺得孤單。但我的配偶卻要小孩了解，父母可能會離開，但一定會回來。他覺得那才是保證小孩不會寂寞較好的方式。他是對的，而我錯。好一陣子之後，我們才解決這差異。我幾乎從來不會說不，而他總是能大聲說出「不行」。假如小孩搞不清楚這些來自父母的混雜訊息，我也不能怪他們。有時候我會被丈夫強硬的方式給惹惱，他當然也會生我的氣，因爲我老是迫不及待要讓所有人皆大歡喜。我們都在過程之中彼此適應。但是我想他和我結婚的時候並不知道他娶到的是個多麼敏感脆弱的小姐。而我也以爲他既然是兒童精神病專家，應該什麼都知道，也絕不會生氣、受挫、或太過堅持。哎，我們兩個眞是！

是什麼讓我們的婚姻熬過早先的那幾年？我信任他，我愛慕他。我知道我可以對他說任何我想說的話，任何壓在我心頭大大小小的事情。我讀安東尼・卓洛普的小說，因爲他最欣賞他。他則朗讀維吉尼亞・吳爾芙（Virginia Woolf）的作品給我聽。我們一起計劃慶祝活動、一起逛街、換地毯或窗簾。看電影的時候我會握他的手。走在街上的時候我讓自己的肩膀輕觸他的肩膀。他不會分析我的夢，但是他會聽我說。他在電話上對他的病人用聽不到的語調說話時，我可以看見他的臉。我可以看見他臉上和藹的表情和眼中的擔憂。有批評家攻擊我的時候，他的表情會變得很嚴肅。我寫得好的時候，他也會很高興。我們的運氣會永遠相連。我從來不懷疑，我們會年復一年，度過一次又一次的結婚紀念日，我們建立起我們居住的家：我們的婚姻。

可以結束或沒完沒了的青春期

因爲我們的婚姻包含了之前婚姻的子女和現在婚後的子女，所以我丈夫和我曾經估計過，我們大約注定要和青少年相處長達二十年的時間。

有人打破門禁時間。我們等一個到處去玩的小孩回家等到破曉。我害怕我的小孩會在街角、地下鐵，或某個地方發生事情，受了傷、流著血，在那裡叫喚著我。事實上，他們玩得可開心，可能做了我不希望他們做的事。我才是那個需要被安慰的人。當家門終於打開，憤怒與釋懷瀰漫我的身體，強烈到足以引發心臟病。餐桌上又長又可怕的寂靜。她們接電話時細碎低語，我經過房間的時候說話聲又停下來。我的伴侶性格比較沉穩。「讓她們去吧，」他會這樣說：「讓她們自己判斷。」我則是激動不安。這個幾乎什麼都不吃，那個憂傷憔悴又失眠，一個男朋友不見了，女孩們看起來好像永遠不想起床去上學。她們說粗話，愛批評，要不就沉默不語，而她們的沉默其實音量很大。有一個寫日記，她把日記放在身上，怕我會偷看。這也許是聰明的做法。

房間裡堆滿外食的紙盒、待洗的衣物、讓空氣需要流通的毛衣、報紙、書刊、雜誌、內衣、咖啡杯、煙灰缸、藏在床下的酒瓶。她們對狗失去了興趣，現在是我在蹓狗。除了電話之外，她們對家裡所有的東西都毫無興致。她們還會撒謊，遮掩跟什麼人去了什麼地方。我保護她們的能力與日俱減。而她們幾乎不需要我的保護了。我氣得不得了。

我想跟她們談一談性，將我所有的現代智慧和知識傳授給她們，我想確保她們不會懷孕。但是她們不想和我說話，她們直接打斷和我接觸的機會。我覺得很寂寞，覺得她們不愛我。這意味著我的伴侶要更愛我，以塡補空缺，支持我沉悶的靈魂。再說，我的小孩現在是性感尤物，我看著她們等於看見我自己的衰老，我不再是舊時模樣。這很自然，但也讓我很傷心，甚至忌妒她們的青春剛剛來到，而我却年華老去。好吧，不是完全老去，但是在引人注目、激發他人興趣、散放魅力韻味上，我確實是老了。難怪周旋在妻子女兒群中的我丈夫會如此焦頭爛額了。

毫無疑問，我們的婚姻突然間像乾枯的樹枝，沒有新葉冒出，家裡溫馨盡失。

在全美國，小孩進入青春期的時候，父母會顫抖、婚姻會顫抖，家庭的信心被摧折，許多婚姻無法度過這場風暴。這種事是古今中外，舉世皆然嗎？古羅馬時期，十四歲的小孩會不會退縮、被壞事吸引、叛逆、承受同儕壓力？文藝復興時期，佛羅倫斯手工行會中的年輕學徒會不會威脅要自殺，冒險犯進？年輕拓荒者會不會就著星光寫詩，抒發人類孤寂心靈，把自己餓得骨瘦如柴，或是晚餐之後就臥倒在牧場的草原上？很難得知。不過可以一目了然的是，在今天的美國，在通往童年的門砰然關上的這段時期，許多小孩面臨了長期的巨大挑戰。他們奮鬥的過程極爲費力，有些情況下會對我們的婚姻造成極大的影響。

心理學家告訴我們，十幾歲的青少年會有回返童年、再度投入媽咪臂彎的衝動，但同時，也有相反而強烈的慾望，想要獨立、想要長大成人、想自主。不管朝哪一個方向，也許都很容易達成，但要同時朝兩個方向就可能讓人發瘋，而有些青少年正是如此。在美國青春期會出現這種困頓狀況，可能是因爲從性的成熟到這個社會允許切斷臍帶，還有很長一段等待的時間。假如每個人都在十四歲結婚，到社會上自組家庭，這些被監禁的憤怒小獸——我們的小孩就是會變成這模樣——就只能忙著求生，根本沒有時間濫用藥物或從事性實驗，他們會長大，像學走說話或走路一樣：眞簡單！

但是在我們所生存的世界裡，我們要小孩受教育，要他們像小朋友一樣乖乖坐著聽話，但事實上他們的身體早已發育完全，伺機而動。我們還要他們做個獨立的個體，而非從父母或朋友的模型割下來的東西。要他們自己思考、自己感受，因爲那是我們對自由公民的定義，而我們希望他們成爲自由公民。另一方面，我們放在他們面前的選擇可能令他們無法招架，可以做的事那麼多！很快他們就可以居住在自己選擇的任何地方。他們會挑選自己的伴侶，會走自己的路。

我們養育小孩的方式，就好像他們永遠不會被推出巢穴去自力更生。緊接著，我們又當他們是小麻雀似的將他們推出去。他們當然會抗議，他們當然會覺得失落。荷爾蒙肆虐，他們不停想念著那個不得不離去的家，他們開車到處跑却沒有抵達任何地方。他們開派對，在黑暗中彼此摸索，彷彿答案就在同儕身上，而同儕中每個人都有同樣的驚恐以及對於眼前生命同樣的渴望。和青少年一起生活就像開一輛老卡車，車輪猛轉個不停，但結果什麼也沒發生，只有地毯毀了，而噪音令人無法忍受。

小孩早期生命的脆弱性造成縫隙，現在則變成存在中的裂口。我曾經教青少年寫作，很害怕故事中出現主角自殺的情節，這情形還滿常見的。身爲老師，我不知道這樣的故事是在求救還只是陳腔濫調。我會試著找出來，而攪動的混水不太可能告訴我眞相，這種狀況下我必須去猜，而其實每個人都可以猜得到。內在的地震、內在的冰雪風暴、內在的日蝕，都可以用來描繪青少年在某些時候的內心景象。當小孩顯示困擾的徵兆時，父母會感到罪惡，然後互相指責或怪罪自己。

我們讀到可倫邦（Columbine）高中校園槍殺案（譯註：可倫邦校園槍擊事件發生在一九九四年美國科羅拉多州一個小鎮上的高中，兩名學生持槍殺死十二名同學和一名老師，帶給美國社會極大的震撼），覺得很不可置信。父母怎會不知道兒子的臥房裡有個軍械庫？報紙上讀到十幾歲青少年帶著一點高傲和不屑的姿態槍殺同校同學。爲什麼沒有人預見事情的發生？那些父母是怎麼回事，離婚了嗎？聽到十幾歲青少年被發現在車庫上吊，或因爲藥劑過量而死於暗巷之中，我們會感覺胃部一陣抽緊，然後出現同樣防禦性的反應：那些父母怎麼了，媽媽是職業婦女嗎？爸爸是酒鬼嗎？我們用這些想法將邪惡的眼光從自家驅離。然而，心靈的不平衡，包括精神病幻覺，在青少年族群中並不少見。每一種情緒都延展到極限，好的壞的都一樣。疏離和孤立感很容易讓人失控。對別人以及對自己的怒氣，就像歌裡的定音鼓聲，可能會引發後悔莫及的行動。事實上，憂鬱和可怕的精神困擾，會使得小孩自我毀滅、割傷自己、抓自己的頭髮直到頭皮見光、用針刺自己的手臂，或吞下錯亂神經的藥丸，小孩的苦惱就像院子裡的野草那樣常見，因此當它激烈爆發的時候也不該感到訝異。嚴重的情緒痛苦，在嚴格的宗教社會或郊區的街道、在私立學校和寄宿學校的青少年身上都看得到。難以了解爲什麼我們會受到如此折磨，但確實是這樣。而每個有困擾的小孩來自於同樣陷入苦惱的父母和壓力下的婚姻，原本滿懷期待的家庭需要漸漸習慣對生活抱持較低的期待。

愈來愈多的荒野學校試圖訓練行爲偏激的青少年。小小新兵訓練營有嚴格的紀律和要求，而看起來也確實將一些迷途小孩拉回來，讓他們的行爲免於脫離社會。但是開車送小孩去某個遙遠州土的仙人掌山區會讓父母覺得很挫敗，彷彿自己就是被社會拋棄的人。沒有父母會對自己說：「哎，好吧，今天的美國就是會發生這種事。」相反地，他們會想，我誤了我的小孩，也許是我太常對太太大吼大叫，也許我不應該離婚，也許我在家的時間不夠多，也許我就像我父親那樣冷酷或自私。婚姻在這些念頭底下搖晃、坍塌。懷疑自我、替小孩擔心害怕，又想到可能是家庭的根基腐爛才造成小孩無法健全發展，凡此種種的想法困擾著父母，有些甚至會因而逃離家庭，或開始轉向酗酒或過度飲食，或者躲避到宗教或工作當中。我們沒有足夠的心理學家幫助這些人解決沉重的壓力。沒有經濟資源來支持需要幫助的父母。甚至不能扶持那些明顯有憤怒失控徵兆的小孩，遑論那些完全不會傷害別人，就只會傷害自己的青少年。

在可倫邦校園案中，父母似乎沒察覺他們小孩的同學有嘲弄威脅他人的事情。責備父母不知道小孩的狀況根本無濟於事。小孩的房門緊閉，他們不和父母說話。他們點頭說好，然後就偷偷溜走。他們的眞實生活是和同輩在一起，父母則變成牆上的影子，鬼影幢幢而不眞實。最乖巧的青少年會一輩子把自己的秘密背在背包裡隨身攜帶。孤獨感重新降臨，父母若不是轉向彼此就是漸離漸遠。他們的婚姻會如何，端看這回抉擇。

高中世界會給人定高下，要求一致性，還會有難聽的地下謠言流傳，跟世上其他地方一樣都是很難生存的所在。聽到「怪物」（freak）這個字的時候眞有點叫人震驚。許多家裡沒有青少年的人，在可倫邦高中槍擊事件發生之前，可能都沒有聽過這個字眼。怪物是反常悖俗的人。怪物是醜陋、扭曲而又嚇人的，恰巧與和諧及優雅對立。怪物屬於穿插表演秀，是多餘的部分、脫落的部分，諸如此類。有些小孩自認是怪物，其他小孩則會排斥被貼上這種標籤的小孩，並殘忍以對。怪物是什麼？太胖、太害羞、面對異性太拙、太容易受傷害、太沒有運動員的樣子、還是太高、太緊張？如果我是他們的父母，自己就會很擔心了。我會三步併兩步跑去找最近的精神治療師。我會質疑我的婚姻、我的丈夫、我自己。我做錯了什麼？爲什麼路上出現這可怕的障礙？早期有徵兆顯現嗎？雖然是孩子被排斥，却覺得好像是自己被排斥。因爲各種原因，小孩可能不會讓我知道，我可能是最後一個知道的。對婚姻而言，最困難的莫過於，小孩沒有在他們生命中的所有階段成功。

這意味著，若要度過小孩稍長後產生的騷動混亂，已婚的伴侶需要彼此信任，精疲力竭的時候要讓另一方接手。這意味著，灰心的時候要假裝你沒有，然後你才可以繼續走下去。這意味著，你要帶著心中害怕的結活下去。這意味著，男女雙方要忠於對方，在彼此的臂膀、談話、和工作中找到生命的意義。在結婚禮堂中我們起誓「不管是福是禍」，但是我們從未想像過，這禍會有多糟。

是的，有些青少年本性善良，行爲端正，對父母仁愛、對弟妹溫柔，從來不會晚歸，也沒有焦慮的樣子，除了聽音樂聽得很大聲以外，可說是模範公民中的模範。有些小孩就是會順利度過那讓其他人心煩意亂的時期。也許好的父母造就好的青少年，至少我們願意如此相信。也許有問題的父母自己就活得很勉強，家裡出現問題青少年，他們會退縮或凶暴，或拿小刀在自己的手上腿上割一刀，但是我敢說這中間的關聯並不是如此緊密。在美國，我們十幾歲的青少年會盛行痛苦說愁，造成這種情況的原因，却非我們養育子女的方式所能觸及的，那是要他們按照社會所期待的方式成長所遇到的艱難。

我那整天帶著日記的女兒高中要畢業了。她不讓我幫她買禮服。她沒告訴我她得了一個獎。但是她允許她的父母和姊妹那天晚上和她到一家中國餐館慶祝。晚餐的時候她都沒有看我。她面無悅色地接受我們的祝賀。我們愛她，但沒有得到回報，我們被排除在小孩的勝利和喜悅之外，令人難過，我眞的很難過。我們坐在桌前，餐盤已經清走，幾個小的想要離開去她們自己的派對時，我眼中突然滿溢淚水。我們正在慶祝一個里程碑，但是這慶祝活動却是空洞、諷刺而且根本稱不上慶祝。我感覺丈夫把手放在我腿上。他輕拍我的腿，就好像人們在安慰一隻被雷聲嚇壞的貓那樣。我感覺他手的溫暖。如果他沒有在我需要的時候以對的方式撫觸我，我們會不會分開？我想不會——那時已累積太多時光、太多信任，我們的結合不會一時半刻就拆離。但是他在那裡眞好。我需要他。

只有在超級煽情令人作嘔的電視電影中，小孩才會爲婚姻帶來歡樂。事實上，他們只是將大人拖入濃密的叢林中，裡面危機處處、怪物暗伏、野花在苔蘚覆蓋的石頭上肆意綻放，在這裡，精神受到試鍊，勇氣需要激發，生命才能達到最充實的地步。這樣的重任若沒有使伴侶分開，便會在兩人之間建立永恆的聯繫。在幼稚園小班的第一次家長會中，你盯著看的是自己小孩的圖畫。在許多小孩中，就是**這個小孩**紅藍繽紛的圖案吸引你的注意力。**這個小孩**散發著磁力、重要性、和環繞著生命的光環，無人能比，只因那是自己的小孩。這種凝視「自己小孩」的強度，會繼續出現在生日慶會、畢業典禮和結婚典禮，然後又移到孫子身上，以同樣強烈的力度全神灌注，爲時間標注並賦予意義。或許這是一種兩人共有的瘋狂，可以讓婚姻永續，生命變成一個織布機，婚姻在其上織就屬於它的故事。

但是假如有人寄望小孩帶來心靈的和平、自信或穩定的幸福感，他們可會大感震驚。小孩做出來的事情複雜又糾纏，替故事添加情節、給圖畫繪上顏色、讓每件事情蒙上黑霧、帶來前所未有的恐懼，啓發神聖性，也解釋了人心的凶殘，將過往破壞或改裝，又給未來投下陰影。家裡有小孩一定不會無聊，危險性也很高，高伏特電壓霹啪作響。我不會把這個和樂趣混爲一談。這條路極爲漫長，而且離墳墓的清靜還遠著呢。

VI

公婆、岳父母、大姨子小舅媽

婚姻是兩個人的事還是兩個家族的事？

三角關係治療法、窒息、家族表

心理學家給了我們一個詞，現在全國都在用。我們現在知道有所謂的「功能失調家庭」（dyfunctional family）。我討厭功能失調這個詞。聽起來好像我們是機器，齒輪需要上潤滑油，溫度計要調整。好像我們的行爲舉止都要符合某種方式，而有些人卻做不到。這個詞裡面沒有慈悲、寬容或現實，在那技術的聲音背後有負面的判斷在形成中。人有可怕的行爲就是不好的。使用這個標籤的人感覺高高在上，却又一面探身打聽氣餒、挫折、悲傷的人深處的痛苦，他們全都憂傷地生活在一起。這樣的稱法確實設計精妙。

家庭治療師在婚姻中觀察到這種奇特的傾向，他們拉入第三者，透過多出來的這個人來解決夫妻間的問題。他們稱之爲三角關係治療法（triangulation）。這可能是什麼丈母娘笑話的源頭。情況可能是這樣：無法解決丈夫對妻子的憤怒或妻子對丈夫的失望時，就把岳母或婆婆拉進來，可憐的她可能一無所知，也可能知道一些，反正就是變成彼此憤怒的焦點。在這種情況下夫妻會團結起來，於是爭執的對象變成伴侶之外的某個人，如此一來，這爭執就不會威脅到夫妻彼此。這種策略操作的問題不只是會使岳母或婆婆不高興，也沒有發揮到原先預期的功能。這方法遲早會失敗，而最初困擾夫妻的東西，不管是什麼，總會再度冒出頭。抱怨配偶或自己家庭的成員總有一定的範圍，最後你像一張磨損的唱片含糊不清地咿嗚著，爭執爆發的能量消失了，但你還是對什麼事情生悶氣。

有些人會拿老闆當藉口。年輕的夫婦會將焦點轉移到辦公室的不公平、負責人的粗魯、上司不賞識員工的能力等等，而忽略其實她是渴望更多的性，而他無法配合；或他想在夜裡被擁抱，而她卻無法和他同床，兩人分房睡。年輕夫婦向彼此隱藏起自己的失望和幻滅，而去談哪個指導教師的可怕罪行，他那不時打電話來的前任女友，或者談其他方便舉例的人，雖然夫妻倆都不認識那人，卻可以在他們的劇本中扮演一個角色，而他們甚至沒有注意到自己是在演戲。

有些夫妻，如果其中一人或者兩人皆有受到騷擾的童年記憶，至今猶在心中翻騰，可能就會把焦點放在童年，將怨恨的情緒回溯到過往，歸到父母親身上，自己的父母親或伴侶的父母親。這也是煙火表演，可以掩飾近在眼前的問題。

只要不是用來遮掩夫妻之間已經無可救藥的部分，這種轉移注意力會像過敏打噴嚏一樣無害。但是有時候卻會讓夫妻深陷窠臼無法動彈，同樣的對話一而再，再而三的重複，却沒有展開任何行動去減緩緊張、增進彼此的瞭解。生活爲這種三角關係治療提供了許多治標不治本的可能性。

生爲人類，我們的確喜歡冷落某個人。民間智慧告訴我們，如果三個人共乘一艘小船出海，只有兩個人會回來。三個高中女生在一起，雖然都是朋友，但是其中兩個人會在一起說第三個人的壞話。男人和他的情人秘密聯合反對妻子，可能正是這樁外遇戀情美味而令人滿足的地方。女人可能會咬著新伴侶的耳朵，低聲訴說種種背叛其配偶的批評，這會拉近他們的距離，却削弱了與配偶的連繫。這好像躲貓貓的成人版，但却是個悲傷的遊戲，因爲到最後，所有的參與者都很想喊「遊戲結束了，大家可以出來了！」可是黑暗的簾幕已然籠罩、家庭的基礎已經消失了。

家庭關係也許是從佛洛伊德說的三角關係開始的：媽咪、爹地和寶寶。寶寶三歲的時候會想要獨占媽媽，或女兒只要爸爸不要媽媽在旁邊。這伊底帕斯情結是我們人生最初的依戀所繫，它終生如影隨形。成年生活中，我們會給自己重新創造那些忌妒、盼望、挫折的日子。我們可能過度忌妒或過度害怕失去，也可能只是把太多生命能量給了媽咪或爹地，結果我們成年後的情人只得到大幅縮水後的感情。

家庭治療師畫了家族表，裡頭回溯到家庭一兩代前的問題。圖表顯示了人們的爭執是如何相互呼應、模擬了他們的父母甚至祖父母的爭吵。圖表顯示，父母間無法滿足其伴侶的要求是如何重新出現在新夫婦之間，不信任感傳了下來，害怕被拋棄的感覺傳了下來，酗酒、虐待兒童的行爲也傳到下一代，工作上的失敗傳下來，手足競爭之戰可能會被過往的情感好惡所決定——這個弟弟長得像喬伊舅舅，所以我比較喜歡他，因爲我喜歡喬伊舅舅。那個有像媽媽一樣的酒窩，兩個都滾到地獄去死吧。過往永遠存在，它不會被深埋，相反的，它會繼續在靈魂裡滋長，因爲我們雖非故意，但我們無意識的注意力却驚人的複製著包圍在童年週遭的問題。人的確有詭異的能力做到這點。

父親爲了更好的工作離開小孩到另一個國家，而被留下來的家人有十年的時間讀他的信，等他把大家接過去，然而家人一旦抵達新的國家，小孩變成大人，自己也結了婚，可能會找到一個工作，讓他必須遠離家庭很長很長的時間。再比如，有個女人小的時候父親和別的女性朋友跑了，留下母親供養自己和三個小孩，於是這個女人可能也會愛上丈夫以外的男人，而當她到了她幼時父親棄家而去的年紀時，她也可能留下小孩一走了之。這些家族表中有不可思議的眞實性，但並非都是如此，這並非事情的全貌。

家庭治療師說，家中某一個成員可能會不自覺的有某些困擾，像是恐懼上學、尿床，或者更嚴重的厭食症或犯罪。小孩這些徵狀可能是爲了讓家人不去注意到父母失和、或生彼此氣的事實。家庭中的騷動，可能不是獨獨發生在看似有問題的小孩身上。當父母的關係改變，某人的沮喪情況改善，或不再生氣，小孩身上的徵兆就會不見，得以解脫而步上自己人生的道路。夫妻與子女間的糾結難以解開，但是還是可以做到的。

這公式讓人起疑竇的地方是，因爲家庭治療師認爲大部分的案例中都存在這種模式，因此他們只專注於發現他們要尋找的。那麼如果他們尋找別的東西，也可能會找得到。是的，問題出現在社會性的脈絡當中，而婚姻中的問題會製造焦慮的兒童，他們可能會呼救，好將注意力從婚姻轉移開來。但這就是全部眞相嗎？小孩只是黏在年紀較長的家人身上的剪紙圖案嗎？還是小孩自己的內心有什麼不對勁的地方，會因爲害怕、生氣、失望而發作？

比起上世紀初，現在我們更了解彼此了。我們知道，有些力量在意識底下運作，我們知道自己受制於幼年時的影響——我們最初的愛。這是好的，我們知道並不是每一種認同都是天賜恩寵，如果你認同的是不幸的母親或酗酒的父親，麻煩就大了。但是如果我們以爲這樣就解開了家庭生活的神秘，那可就大錯特錯了。

我們跟以前差不多，稱不上皆大歡喜。只是現在能談得比較多而已。

人類實在太複雜、太難以預測，太多成長、改變、和偏移，我們並非只是家族歷史的產物。多數時候我們很難畫出一個圖來顯示我們的精神、記憶，和行動。我們不斷滑動，懷著困難扭曲旋轉，就是不會像隻死蝴蝶一樣靜止地被釘在板子上。我們是更複雜難解的生物。我們的許多選擇和行動其實都是命中注定，但我們還是有自由意志，有智慧、見解和改變的潛能。重要的是，去了解及看清那些會強迫我們進入可怕而重複的模式，避免再次落入我們最不想要的幼年記憶。優秀的家庭醫師所能幫助我們的也不過如此。不要懷疑，我們不是機器。雖然人類的心靈服從於自然律，但是看起來比較像是一幅波拉克（譯註：Jackson Pollock，美國抽象表現主義代表畫家，發明所謂「行動繪畫」，以筆以外的工具在大面畫布上自由揮灑，畫布於是成爲畫家無意識情緒演出的場所）的畫，而不是織在墊子上、擺到客廳椅子上的十誡誡律。

我們受到自己性格的影響，或許我們的本質上是天生的，但我們也受到最早的接觸、最久遠事件的影響。我們在成長轉變的過程中受到許多影響：自己的缺點、早年的疾病、父親或母親的死亡、鎮上麵粉廠關門、奪走親人的戰爭以及癱瘓歸來的親人。

有部分是手足互相造成的，因爲企圖彼此競爭、要自己和其他兄弟姊妹不一樣。如果哥哥喜歡音樂，我們可能就會愛上滑雪。如果姊姊害羞，我們可能就發展出大方的社交技巧。我們是怎樣的人會和我們生存其中的時間縱橫交叉：如果早生個十年，有多少在海特・亞許貝里（譯註：Haight Ashbury，六〇年代嬉皮及反社會人士的朝聖集中之地。今仍爲舊金山最有活力的反文化區域）街上行乞的吸毒者會變成啦啦隊長？

我們帶著過往進入婚姻之中，沒錯，但是要如何、以什麼方式、可以使用什麼語言，才能眞正掌握我們的經驗和我們的自我？

姻親、手足，以及其他出現在家庭中的次要角色

你可能是一個失敗的姻親嗎？當然有可能。有沒有什麼關於這個角色的公式、手冊之類的？當然沒有。如果流行文化是對的，婚姻中的一個大問題就是愛攪和的姻親、跋扈的岳母、可憐或充滿敵意的婆婆、總是在不當的時間裡跑出來的父母親，向我們提出世界上最差勁的勸告，或硬要變成注意力焦點的父母。如果我們以爲生命眞的反映在臉上的笑紋，可得聽聽關於岳母和婆婆的那些笑話，然後猜想和孤兒結婚的確是天大的福氣。而在現實世界中，太多已婚男女的母親是居住在美國大陸另一邊。在今

天的現實世界，我認爲子女結了婚以後，父母就像責任已了的鳥兒，當小鳥學會飛行而離去，他們也該毫不回顧地飛上自己的路。整體而言，我們的核心家庭似乎需要更多而非更少的家人來協助和支持。但是世代間確切而適當的關係如何，一直都沒有清楚的聲明或定義，我們只得從連續劇去了解自己的角色，重複父母對待我們的方式，或者反向操作。

我們都在摸索。我承認，身爲一個繼母，我不是我的繼女理想中她小孩的保姆。我自己在這世上有許多要做的事，或者我是這樣想的。她在緊急的時候可以信賴我，但不是沒日沒夜的索求，這是職業媽媽的工作。如果要做到這樣，她得去雇請另一個人。某些時期，我可能會渴望當一個好保姆。在其他時期我可能會想要告訴她，我不贊成她所做的選擇當中的哪些部分，但是如果木已成舟，我還是佩服她玩花招的技巧，我設定睡眠時間的方式不是絕對的，但我依然希望是她生命中重要的人。我是嗎？也許是，也許不是。她希望我更接近或離遠一點？我應該站定、不可以跨越，或不可以遠離的那條線在哪裡？這問題讓我緊張。

丈夫的母親早在我認識他之前就過世，他的父親則在我們結婚後不久也去世。我的母親在我再婚前亡故，而父親早就是個缺席的父親和祖父，無法給這齣家庭喜劇增添趣味。但我現在是別人的岳母，可以了解這角色的微妙性，也很可能犯下失誤，致命的失誤。創世紀中有一則韻文寫成的評論，談的是夏娃的創造：

「最後這一者是我的骨中骨、肉中肉。這一者應被稱爲女人，因爲她是從男人中取出。」之後男人會離開他的父親和母親，依附於他的妻子，然後他們變成一體。

這是一個美麗的意象，但是沒有提到姻親，因爲亞當和夏娃根本沒有。父母親花了好多年時間照顧、扶養、擔憂著小孩，替小孩付出費用、爲他們工作、夢想著小孩的種種，現在卻唐突落於這親密的圈子之外。父母總是知道小孩有一天會長大。從父母一離開房間就會哭鬧的寶寶，到巴不得父母離開房間的青少年，這樣的過渡期早已發生，然而還是有一種悖逆感、被切離的感覺，因爲結了婚的年輕人有自己的圈子，而他們只邀請自己的子女加入。

事實上，父母和小孩關係的劇碼不管好壞，都會持續到死亡將他們分離，而假若成年後的小孩沒有或多或少將自己的父母視爲終身最親愛的人，而配偶得站到一邊這種傾向的話，那麼，創世紀中那段告訴男人和女人要彼此終身扶持的韻文就絕不會被寫下來。吵架之後回娘家不是堅守，告訴媽媽你對於配偶所有的不滿不是堅守，從父母那裡拿錢但不告訴配偶也不是堅守。如果所有的父母都可以輕輕鬆鬆地將子女交給婚姻、此後不再介入拉扯，那創世紀裡就絕不會有這段話了。

這樣說好像是在自打嘴巴。但是我們都看過現實生活中兩種姻親造成的效果。是的，在美國的年輕夫婦，通常需要支援的時候都找不到父母。假如祖父母願意幫忙，那小孩就不需要全村來協助撫養。另外，有些父母卻很難放手，很難不干涉，或是在子女不管何去何往的人生飛行中都只當個服務員而不是機長，他們其實只需要問一下：「請問要咖啡、茶還是牛奶？」

我知道當丈夫和他的母親在很小的事情上——譬如魚叉的正確使用法、鞋子的價格等——聯手反對妻子時，可能會讓妻子痛苦吵鬧。我也認識一個女兒的母親，她很喜歡女兒帶回家裡的女婿，所以當婚姻破裂、男人消失，或不再和他從前很喜歡的丈母娘說話時，這位母親很傷心，原本好好的家庭關係變成廉價的庭院拍賣品，和結婚照一起被扔了出來。

我們的情感生活有點像基因一樣地遺傳下來，和其他的生命混雜、合併在一起，但又在混合後的某個地方出現，變成我們的小孩。如果是這樣，岳父或岳母、公公或婆婆，會在小孩的生活裡看到過往的重複，自己的錯誤也顯而易見。是的，每個人都有可塑性，也只有自己要對自己的靈魂負責，但同時父母也是影響的源頭、是陰影、是黑暗中的聲音，低聲說些有益或無益的事，甚至連他們沉默、死去或住在其他國家的時候依然如此。而當我們的婚姻發生意外，父母可能只消在一旁看著就會咋舌不已（自己的錯誤朝著我們臉上扔了回來）。唉！

我有個朋友，向我敍述對她長壽的婆婆四十年來的怨恨。這婆婆在餐桌上讓她覺得很不舒服，讓她覺得自己是個無能的母親和妻子。我朋友的丈夫從來不曾嘗試阻止母親嚴厲的批評，但也從未阻止妻子痛苦地向她的朋友抱怨婆婆這件事。有時候配偶反而可以表達自己對於父母的憤怒，那是你自己無法或不願做的，這對婚姻是好的，可以讓妻子和婆婆保持距離，而其實這也是兒子渴望的狀態，只是需要有人協助達成。另一方面，這不受歡迎的婆婆在長達四十年的時間裡，沒有得到媳婦的尊敬和愛，而媳婦也以同樣漫長的時間攻擊、冒犯婆婆，這讓她在婚姻發生困難的時候，失去婆婆可以提供的第二個婚姻避難所。和自己的父母或配偶的父母關係不佳的悲哀是，失去了找到避難所的可能性。我們兩兩同行、堅守著彼此，沒錯，但是沿路總會出現壞天氣，我們暴露其中，忍受風吹雨打，連公公婆婆可能提供的一件雨衣都沒有。

我的小孩還小的時候，我有時會到鎮上最昂貴熱鬧的街道逛逛，晃到兒童商店，採買一些我們其實無法負擔也不太需要的別緻童裝。我知道假如我母親還活著，她會買給我的小孩這些衣服、會期望她們穿上。在那片刻，我不顧預算，也無視丈夫的反對。有些時候，堅守眞的很難，而過往危險的激流又太強了。

有一回，我那再娶的父親從他避寒過冬的佛羅里達來到我們紐約的家，和我們一起慶祝七十大壽。我們已經超過一年沒有見到他了。電話裡的對談總是拘謹又無聊。我們的關係一向不太順利。但是爲了這一次生日，我邀請了我弟弟、弟媳、他們的小孩、我自己的繼女以及我父親的繼女繼子，三個男孩和一個女孩，他們現在都已經長大成人了。他的第二任妻子應該也會來，但生日派對那一天，她打電話來說她腹部不適，不克從佛羅里達飛來。我們聚在一起，年紀較輕的孩子傳著餅乾和蛋糕，比較年長的就用鮮花和汽球裝飾房間。我們有香檳。我的小孩和她的小孩彼此沒有什麼話說，因爲我們住在兩個不同的世界，有不同的教育背景和追求的目標。有些小孩稍稍試著找些共同的話題來聊，其他則陷入冗長的沉默。我們做了好看的水煮鮭魚，還有插滿蠟燭的蛋糕。我和女兒們做了餅乾，上面用白色糖衣寫了「爺爺」。我向餐桌看出去，看到一片尷尬的場面，這時我才了解到，我們不是一個家庭，我所有最好的瓷器器皿

（我媽媽送給我的）也不能使我們成爲一個家庭。我沒有舉杯向我爸爸祝賀，這是我第一次辦七十歲生日宴會，我不知道敬酒是習俗。他很氣我沒有帶大家舉杯。幾年後，在他去世之前，他再度抱怨我那天晚上連舉杯祝賀都沒有。我應該做的。是無知阻止了我嗎？從那個晚宴之後，我唯一一次和他第二任妻子和她的小孩共處一室的小孩時機，就是在他的葬禮上。這是誰的錯？

他再婚了，我想他有權將現任妻子的家人看得比前任妻子的家人重要，比他自己的小孩重要。另一方面，我也沒有錯，我想讓大家聚在一起，讓我們看起來像棵根深蒂固，能遮陽避蔭的大樹那樣的大家庭。他的現任妻子藉故不來生日宴會，以及到我家來看一看，也沒錯，因爲這樣她就還是保持不介入的狀態，不介入他的小孩和他孫女的世界裡，這也比較容易使她變成他唯一的繼承人，並爲她的小孩接收他所有的錢。我本以爲或許可以有不同的結果，我眞是太天眞了。

在現實世界裡，家庭、姻親、結婚的夫妻和離婚的夫妻，都編出了精巧複雜的舞蹈，每個人都顧著自己，每個人都圖謀著某種優勢，或爲了金錢或愛情、或爲了權力或保護。

我希望我的小孩結婚，但是我看出如果她們眞的嫁了，我就不能那麼經常地、那麼親密地、那麼迫切地和她們說話了。我得退一步，讓她們與自己的配偶相互扶持，留下我再度像幼年的時候一樣，和想像的朋友玩耍。我希望我能夠做得優雅從容。

這相互扶持的工作比看起來困難。生病的時候、有經濟壓力的時候，都是婚姻路上的落石，兒子或女兒會想回到他們的父母那裡要求安慰、幫助和支持，他們自己的家現在因爲各種原因少了這些元素。給多少的安慰才適量？要支持到什麼程度才是愛？回到原來家庭的拉力有多強大，而誰會知道，什麼時候一點點的愛就會變得太多？我們都在黑暗之中，小孩及父母都一樣。這個講求個人主義的文化非常強調要與父母分開生活（聽聽看幼稚園老師是如何要求五歲小孩的），於是我們忘記了我們需要親密的圈子、家人、叔嬸舅妗、岳父岳母、公公婆婆。獨立對於國家是很美好的事情，但並不是勝過人類事物中所有事物價值的一件事。

當主張家庭價值的人大聲疾呼他們口中的道德生活，他們的意思是，女孩不該有婚前性行爲、墮胎是不可思議的、離婚不是好人會做的事，而穩定有賴於每個人遵守最嚴格的社會規範。但是還是有其他的方式可以詮釋家庭價值這觀念。我認爲絕對忠於自己的小孩以及共同的小孩，是一種家庭價值。我覺得對於姪子姪女的愛是一種家庭價值。我覺得向你的姻親敞開心胸和想法，長輩對小輩、小輩對長輩誠懇以待，是一種家庭價值。

這常和金錢有關。每一代是如何在經濟上獨立奮鬥的？在這個問題上，家家有本難唸的經。比較富有的家庭傾向於父親或母親掌握大權，撫養年輕一輩長大，有時候在過程中會削弱後代的能力。比較窮的家庭則傾向與父母分離，自己獨力奮鬥。倘若與父母沒有財務的聯繫以及相對的經濟責任，那麼要尊敬父親和母親會比較難。許多老人被遺棄，孤獨過日，許多小孩沒有家人照顧或沒有父母可以依靠，都是家庭生活失敗的例子。

所以我們雖然把家庭當作獨立的個體，一椿在自己的舞台上演的事件，却忘記了婚姻也在社會網絡中生活和呼吸，是在一個結婚之前就有、結婚之後也會繼續的家庭當中。在印度，新娘在新郎的家中組織家庭，這種習俗就淸楚說明上述狀況。美國人却會覺得這想法眞可怕，這會讓新嫁娘變成婆婆的奴隸。這意味著兒子不會只堅守著妻子，而會服從母親的規定和希求。這意味著男人要數年之後才能主導他自己的家庭，而女人要好久好久以後，背後才不會有人監視她所做的一切。因爲嫁妝不夠，或者岳母或小姨子不喜歡新娘就將她燒死的可怕故事，證明這個體系錯亂而殘酷的本質。對我們來說，結婚後的伴侶若失去獨立和自主，是無法想像的事情，但或許我們太高估獨立，又太崇拜自主這件事了。這就是爲什麼社會上有這麼多在邊緣游離的寂寞人。從長遠來看，我們眞的會比採取印度家庭制度好嗎？

如果姊妹感情很好，那麼當新娘和丈夫稍微親密，她的姊姊或妹妹可能會覺得被排擠或孤立。兄弟可能會忌妒其他兄弟的配偶，他們被激怒，因爲這一對現在做什麼都不會邀他們。妻子可能會看不起伯叔，或伯叔可能會看不起兄弟的媳婦。這個不滿的關係網絡可能會因爲情節的複雜而變得稠密，最後那黏密的網線終將牽制已婚的夫妻倆。我的妯娌有理由覺得我不是那麼討人喜歡，我的繼女受不了我弟弟，還會對他說些難聽的話，讓他難過而把氣出在我身上。我父親的妹妹在我小時候的家並不受歡迎，因爲我媽媽覺得她粗俗。姑姑不願在我家和我們共進晚餐，因爲她覺得我母親沒禮貌。我叔叔覺得我弟弟傲慢，而我弟弟又覺得叔叔腦筋有問題。

這些想法和牽扯讓我們心情沉重，雖然不會破壞婚姻的約定，卻是造成壓力的部分因素，一日復一日踐踏著家庭裡多重的關係。最低程度，他們也能在配偶間製造爭吵。不管是否堅守彼此，周圍就是會有許多拉拉雜雜的人，而且可能搞得很不快樂。事情就是這樣。

在一些小村莊裡，喜宴中作樂的賓客會鬧新人洞房，整夜吵吵鬧鬧，甚至不願離開。你不會因為覺得另一半的親戚很容易應付就選擇這個伴侶。你是冒著險的，設想你的下半輩子就是必須適應有人會來大敲特敲你家的窗門。

對於要在削瘦的肩上背負所有情感包袱的婚姻而言，美式風格是太難了，很多事要自己來。而太多共同相處又會將問題重重的關係雜音帶入家中。我們好像摸索不到正確的平衡和正確的家庭生活方式。我們陷入地雷區，不管往哪個方向前進，危險都隨時潛伏。

Ⅶ

不管是福是禍都相互扶持

說的比唱的好聽

說、說、說

每件事情都要說出口嗎？我們身處在一個熱愛治療的文化中，對於這個問題的答案是徹底的肯定。天性傾向沉默的男人，經過妻子和治療師的要求會大聲說出他們所感、所想和所知。天性比較容易陷入思考和溝通的女人，則用愈來愈多的精力反省自己及檢視她們的伴侶。各地都在鼓吹製作治療名錄，研究上幾代的婚姻。來自火星代表戰神的男人和來自金星代表愛情的女人，這樣的主題已得到廣泛熱情的支持，對於男女反應之差異，上個世代是想加以泯除，檢視並跨越，而下一個世代卻可能會接受。這基本上是好的，但是似乎會導致許多雜音，誇大、重複、繞圈圈，有時候甚至有害。作家約翰．厄普戴克就說：「大部分的婚姻是被過多的溝通所毀的。」

他的意思是，誠實是美德，但並非總是如此。把你所想、所做或希望做的每一件事情告訴配偶，並非總是有幫助的。說出口的話不能收回去。對舊好新歡的描述、對婆婆的抱怨、輕視或羞辱的氣憤評語，或者暗示性地稱讚他人的善行來跟配偶做比較，都可能給婚姻致命的一擊。老是集中在你做了什麼、我這是什麼意思、你讓我覺得怎麼樣（這些談論在適當的時刻都是好的），凡此種種如果過分運用，或使用時不是以寬容爲出發點、沒有技巧，或未理解到對方聽到耳裡的結果會如何時，都可能會變得危險。「我從來不會被臀部大的女人給吸引。」這樣的話是不必要的，特別是當你太太的體重正好增加了幾磅。「我們做愛的時候，你用那種三歲嬰孩說話的方式說話，會讓我覺得很噁心。」這樣說話是不對的。「我第一個男朋友總是在我們的相識紀念日送我最喜歡的花。」這種話只會製造麻煩。在這個治療取向的、「我們來談一談」的文化中，很可能會把婚姻給談垮。謹慎、咬牙、忍住不說，有時候反而比較好。溝通良好的時候才是好，不然只會造成反效果。

如果婚姻中發生不忠的情事，老實告訴配偶是對的嗎？如果外遇只是逢場作戲、發生在別的城市、而且在各方面都沒有意義，有必要說嗎？如果這場外遇是認眞的，而且一直持續，又要怎麼辦？如果背叛的一方不確定要怎麼處理，那麼在什麼時候該說些什麼？如果你忽略不談，眞的會破壞你們婚姻的親密性嗎？如果說了出來，以誠實之名把事情攤開，要你所愛的人低頭，又會不會破壞你們的婚姻？問題的答案不只一個。因爲兩個選擇都是可以的。有時候，在某些情況下，不要說會比較好。在其他情況下，若雙方的結合因爲沉默而承受過多壓力以致於超出忍受限度，這時你就必須說出來。有時候最好等一等，忍住不說。個人的故事、當事者的本性以及事情的整個過程，會因爲這個決定而一一攤在陽光底下。但是我們國家總愛想像自己是誠實的，隨時可以面對攝影機侃侃而談，於是我們忘記有些秘密終究應該是秘密。是的，你不應該不讓小孩知道他被領養的事情。是的，你不應該隱藏蜜妮姑姑精神崩潰的事實。但是，如果在痛苦可以忍受的程度內，那麼你可以保留，不要透露你和健身房認識的男人約會兩晚的事。也許你想要用外遇的方式來逃離婚姻。也許你想用外遇來使你的伴侶有所改善、重新獲得活力、再度追求你等等。但也許不是。每個決定都必須在具體婚姻的狀況當中考慮，既非外人可以代爲判斷、也沒有共通的法則可循，既非出於各種誤導的道德感，更絕對不是治療師可以決定的。

我想要知道。我想我會想知道。我確定嗎？其實也不然。如果是很重要的事，那我當然想知道。但如果只是一時興起、好玩、或基於不好的心態，只因爲我在氣什麼事、感覺老了，有奇怪的焦慮感，我就不清楚了。眞的不清楚。

我們可能把諮商治療室和婚姻之床混爲一談，把電視脫口秀和生命混爲一談。治療的時候，要將心中的每件事情都說出來。治療時，不允許有保留及曖昧，而治療師受的訓練是要接收我們所有的想法，這樣他們才能幫助我們。可是我們的配偶不是治療師。生命給人的感覺好像永遠播不完的午間脫口秀，就像煉獄，連最壞的敵人你都不會把他推下去。

我第一任丈夫告訴我，就女人而言，他比較喜歡有著金色筆直長髮的人。我不是。他告訴我他比較喜歡長得像蘿倫•白考兒（Lauren Bacall）的女人。我不像。他很誠實，也很殘忍。但是他告不告訴我，對於我們的婚姻實在沒有什麼差別。錯誤的是，我錯將情感建築在自己特殊的需求和他內心的黑暗魔力之上，那股力量使得他當時根本不可能愛上任何女人，即使她有全世界最直最燦爛的金髮。我們沒辦法改善溝通，並因此癒合彼此的差異。

問題不在於我們說了什麼，而在於我們是什麼樣的人。我必須向自己解釋我是怎樣的人，可是他既無欲望也沒興趣傾聽。我愈了解他，這點我就看得愈清楚。雖然他是個作家，而我也想成爲文字工作者，可是這其實跟語言無關。我之所以了解我在這場婚姻中的悲慘面目，是從日常生活經驗得來的。我看到他忽視小孩的存在。我知道他被驅使著在晚上出門、天亮回家。我知道他需要名氣，就像吸血鬼需要血，而沒有名氣他可能會死。我知道他比任何我認識的人都還了解邏輯實證論和現代哲學，但我也看到他從內部被侵蝕淒慘的樣子。雖然我以前對這個主題有著可悲的幻想，但是後來漸漸知道，哲學和智慧是不相同的，而快樂和思維能力也沒有關連。言語沒有使我了悟這一點。當然我們之間也沒有共同語言。

美國人特別容易以爲，只要找到對的事來交談，每件事都可以解決。

我現任丈夫和我打從第一次見面開始就喜歡（「喜歡」這個字可能對也可能不對）這樣吵架到現在：

我：慢一點——你已經開到八十了。

他：哪有。

我：我看到車速錶了。

（他開慢了一點）

他：沒有八十啊。

我：剛才有。

他：現在是我在開車耶。

我：沒必要超那輛車啊。

他：那傢伙開得像隻烏龜。你想整天塞在這裡嗎？

（換車道）

我：小心。

他：我又不是閉著眼睛開車。

我：那裡有警察。

他：你就是站在他們那一邊。

我：老天，拜託，不要每輛車都超。

他：我沒有。

我：你跟得太緊了啦。我們又不趕。

他：他不應該開在快車道。

我：剛才五秒鐘內你已經換了五個線道了。

他：喂，你想開就給你開。

我：我閉上眼睛好了。

他：好主意。

（吵架暫時停止）

我們不常吵架。這已算是大吵了，而且是很嚴重的。他以爲自己是第一次世界大戰中的王牌駕駛員，或是英國皇家空軍的戰鬥機駕駛。他以爲路是他的，啦啦啦，像井底自行稱王的癩蝦蟆。他以爲他技擅全場，車道因他而一路揚塵，以無限爲車速，引擎的震動聲是宇宙的魔咒。我則覺得危機四伏，隨時都等著聽到金屬碰撞的聲音，看見血，我的血、他的血，橫灑在公路上。我想回家。想讓雙腳站在堅實的土地上。我懷疑其他駕駛都懷有不理性或殺人的意圖。我不想飛馳太空。我不能了解這種欲望。我想著我快沒命了。

這樣的爭執中有許多重點，也是我們爲什麼吵了這麼多年的緣故。他以爲自己是道路之王，在牧場上奔馳著給那些偷牛賊一點顏色看的人，「看看到底誰是老大。」於是在公路上車速要到達某個速度，在開得比較慢的車子面前耍花招、當老大，在車道上急馳。我以爲自己是哺育者、有著文明節制的母親，是整個家庭的警告系統，因此我必須說，開慢一點。我們陷在各自的角色中。家庭治療師會說，他表達了我對於速度、冒險和自由的慾望，而我表達了他只能活到明天的底限欲望和現實的生存感。他可以信賴我對他的限制，而我也可以相信他會給我刺激。如果我們合而爲一，就能在生命的險惡中穩健地前進。

每次一坐上車，我們就會演出這齣老套、烙印著前女性主義兼幼稚色彩的雌雄遊戲，我一次又一次被嚇到，他就會對我生氣。「好啊，你來開啊！」他對我吼，聲音像是敲打著激烈節奏的唱片。我想，這爭吵讓他可以像叢林裡的野獸，而我也可以演出我的角色，所以我們一定有些喜歡這樣的遊戲，不然的話應該早就停止了。

但是，事實上這遊戲比看起來的更複雜。他那時候才剛開始拯救早產兒的職業生涯。他極有耐心，知道怎樣讓小孩不再哭，對於我快速判斷的習慣、我善變的情緒、不穩定有時甚至不負責任的衝動，他會伸出節制的臂膀。所以如果你從我們在車上的辯論認爲我們的婚姻有可悲的性別刻板模式，那可就大錯特錯。假如你以爲我們是利用開車的機會，重新肯定我們的性別特質沒有問題——我們在幼時習得，而在長大後幾乎都丟棄——這樣想還是不對。假如你以爲這是關於誰支配誰的權力爭奪——我是喜好支配的大女人，想把圍裙帶綁在操縱方向盤的男人身上，而他是男性壓迫者，腳踩著油門，稍稍加速就會嚇壞妻子——那麼你就是透過社會的鏡片而非婚姻的核心來看待我們。在這樁婚姻的核心，他是我的保護者，我則握有通往他心靈的鑰匙。如果他想支配我，我會像微風一樣難以掌握。如果我想控制他，他就會變成外表堅硬內在火爆的火山。如果你以爲可以將這樁婚姻理解爲純粹的權力爭奪，那可就錯了。

但是假如你建議我們不管去哪裡都搭火車算了，倒是完全沒錯。

只要結婚很久都會有類似這樣的故事，許多小小的衝突，有些比較大。我們非常了解彼此，而眞實生活不是靜止在那裡，等著理論將之全部轉化爲部分的眞理，有時候會是眞理，但如果看得太認眞就是扭曲了。有些爭吵就像兩人關係的旋律，達到漸次加強，又轉身回到原點。只有虛構可以對於我們在車上發生的事做出公道的評論，只有透過虛構，才可以找到我們眞實聲音的軌跡。

婚姻之中有一個神秘的中心，急轉迴旋的情緒核心，像一首非常私密而奇怪的詩，在流逝的日日夜夜升起。婚姻沒辦法成功地透過分析的探索、或治療的見解來理解。它是神秘的，只有自己的光芒可以照亮，不是可以購買或拆解或竊取的東西。它可能散發出濃重的邪惡味道。也可能是甜美、溫柔的，但總是屬於兩個人的私密。既神聖而又褻瀆，沒有一本指南書可以接近、可以穿透那神秘。偉大的小說告訴我們要了解的事情那麼多，但我們實質了解到的卻又那麼少。

不管是福是禍

這只是八卦，不過是可信的八卦。我聽說一位著名的法學博士離開了他的妻子，因爲她被診斷出來患有多重硬化症。別人告訴我他怎麼說：「我不想和病人生活在一起。」會這麼坦白，而且談的是這樣一件駭人的事，倒很罕見。但以這樣惡毒或可怕的自我中心來思考或行爲的人，可能不是那麼罕見。不過我的確認識一些男人在妻子經歷過乳房切除術後就再也無法和她有性生活了。我知道有一些夫婦在妻子被診斷出罹患乳癌之後就離婚了。

相反的，我也認識一個男人，原本打算和妻子離婚，因爲她已經好幾年拒絕讓他上她的床，他們之間一無所有，空留初戀時的熱情灰燼。但是當妻子罹患血液方面的疾病而生命危急時，他決定取消離婚的計劃，留在家裡。讓一個人獲得解脫的情況，卻可能對另外一個人形成束縛。

婚禮中我們曾發誓，不管是福是禍，配偶生病的時候我們保證在旁。假若一切無事，這些話說起來容易，但是如果眞的有疾病的壓力，配偶無法履行角色義務，或當疾病奪走配偶的活力、美麗、對世界的興趣和希望的能力，這些不管是福是禍的話就很難說出口了。我們都知道自己應該怎麼做，可能就除了那個法學博士。

約翰・巴利（John Barley）在他的書《艾利絲悲歌》（*Elegy for Iris*）中，描述了妻子艾利絲・默爾道（譯註：Iris Murdoch，愛爾蘭小說家及哲學家。生前於牛津大學教授哲學。著作方面兼含小說及哲學）和艾茲海默症的長期抗戰，內容有力而感人。他非常照顧她。在她美好的心靈逐漸掏空時，他看顧著她，她變得像一個緊張固執的小孩，人事不知，只有在她沉默或入眠時，才能帶給他一絲快樂。他一直到她死前幾天都在家照料她、平撫她的情緒。約翰・巴利所描繪出來的整體圖像，是無盡的犧牲與愛，而就她所患疾病的性質來說，這樣的犧牲和愛是不會獲得回報的。但在巴利選擇道出的細節中，他顯露了對她的憤怒。他描述她失去膀胱控制力，或把食物弄得一團糟。他讓我們看見她絕對不會想被看到的樣子。這是一種以說實話爲掩飾而表達出來的憤怒，一篇雖然恐怖、却很平常的人類經驗的戰地前線報導。

他們的婚姻就像大多數的婚姻一樣複雜。她是著名作家，而他只是個平凡的先生。她可能比較喜歡女人，必然在婚姻之外有過長時間而深刻的戀情。他可能是愛她的，但也可能是對她懷有包含著愛和憤怒的依戀。婚姻中混雜著敵意和愛情。後來她生病了，他以難以想像的溫柔、體貼以及榮譽來對待她。但是在她進入墳墓之前，他向世界說出一切。我很高興他說出來，也相信這樣的文件對於我們所有人都很重要。但是我看出他是憤怒的，可能比他自知的程度還高。任何人生了病都會有強烈的需求，心靈受到撞擊不可能毫無反彈地承受，會提出需求，還有需求未獲得滿足時冒出的詛咒，當中不可能沒有自私。事實上，在那些困頓的年歲裡，是誰安撫、照顧、慈愛著約翰・

貝利？那正是文本底下的呼喊。在那些日子裡支持他度過的，一定是把所有過程寫下來，把一切透露出來的決心。他的憤怒在那裡得到發洩。他也是人。

我說的不是因爲流行性感冒或背痛之類的情緒低落日，這些小病痛每個人都會不時發生。端一杯咖啡或幾顆阿斯匹靈來到床邊很容易，但是要一次又一次到精神病院，探望你那因爲自殺傾向、消沉憂鬱、躁狂症、精神錯亂而進院治療的配偶時，就很難了。

如果因爲兩人結合是上帝見證的聖禮，因而不允許離婚時，配偶若長期患病，那麼沒有其他選擇，人們只得承受。他們可能會另外找到愛情，但是不會遺棄生病的配偶，因爲這是被禁止的。但是在這個現代世界，忠誠是一種選擇，榮譽也是一種選擇。現代社會中並不一定要求自我犧牲，因爲它也尊重自我利益、支持個人快樂權利，更鼓舞吾人飲盡生命汁液的慾望。

因此，假如伴侶病倒了，因意外而癱瘓、長期身體虛弱，而配偶還是待在身旁，這樣做可能是因爲他們根本不做選擇，他們的愛太強烈，無法想像其他的做法，要不就是出於責任感、義務感和對錯的判斷，讓他們留在病床旁。這裡面有一種美，有一種神聖，會讓人落淚。但同時，這種犧牲中也有某種醜陋、某些不可預期的東西，可能在男人、女人以及雙方經歷的失望之間生長出來。聖人讓我們頌揚的自我犧牲不一定會使我們變成更好的人。有時候只會讓我們變得抑鬱、痛苦、枯竭乏力，承受太多對方的依賴，或太多自己的不適。從外表看，這樣的家很正常，但是從裡面看，家家都有本難唸的經，櫥櫃裡有妖怪搗亂，樑柱中有白蟻侵蝕，床單裡還有跳蚤。

我認識一位知名作家，他年輕時常常在外風流，和學生一個接一個搞外遇。結果他晚年中風，變得很依賴妻子。他沒力氣了，她開始譏笑他，在他面前咒他早死，對他很霸道，取笑他的不便。她沒有維護他的尊嚴，看了眞讓人難過。但是從另一方面來說，這也是她對於早期權力（他的名氣）傾向於對他有利時一種合理的報復。生病讓舊怨有機會擺平。疾病種在熟稔的土壤中，就像阿拉斯加沒有常青樹，婚姻中可能也沒有慈悲。

退役軍人坐在輪椅上歸返時，我們稱讚那守在身邊的年輕妻子。警察因公脊椎神經受傷，全身插滿管子、臉上套著氧氣罩呼吸，在攝影機前，他忠心的妻子推著他前進，我們爲他們感到心痛，但也覺得在這個道德的社會裡，這樣是對的。然後我們就將他們拋諸腦後。但是他們却還要繼續過日子，年輕的妻子不能生第二個小孩，不能去迪斯奈樂園渡假，不能去參加姊妹的婚禮，夜半時分因惡夢驚醒時，沒有男人的手臂來環抱她，沒有人和她去參加家長教師聯誼會，她先是坐在他的醫院病床旁，接著移到無障礙設計的房間，她覺得自己應該多愛他一點，但是事實上她對他的愛卻變少了，於是，除了被剝奪感之外，她還心懷罪惡。我們只看到他在報紙上的英勇照片，沒有看到他深受摧殘的生命日日流逝。假如我們看到這景象，再看到她在他身旁，可能就不會那麼欣慰了。

衝擊男人的悲劇通常也會波及妻子。降臨在妻子身上的災難，同時也會影響她的配偶。愛和榮譽會使健康的人留在病人身旁，可是憤怒和痛苦也會同時加入。生病的人會厭惡健康的人。健康的人會試著不去厭惡生病的人，但是會生他的氣。病人會因爲影響健康者的生活而感到罪惡，而健康的人也會對忽而出現的憎惡、不安、喪失耐心照顧病人感到罪惡。因爲這種罪惡感，連爲了要事而暫時離開病人床邊都變得很難。這種罪惡感會讓我們在無數大大小小的事上傷害自己。這種罪惡感很難擺脫，也可能永遠跟隨。一個人的不幸會毒害另一個人的快樂。將兩個生命聯繫在一起會讓災難的風險加倍。這是婚姻賭局的一部分。如果我們有能力預見未來，那麼進婚禮殿堂的人就會少很多了。

嚴重的疾病會引發權力的轉移。一度叱吒風雲的總裁現在要人幫他換被單。宴會餐桌上原本沒人想坐在她旁邊的無足輕重的家庭主婦，突然變成執行長，手上塞滿一堆名片。有時候無助本身也是種權力，可以引發罪惡感。「你整個下午都到哪裡去了？」生病的人可以在很多方面控制沒病的一方。沒病的人也可以在很多方面背叛生病的一方。

人都害怕生病和痛苦，害怕事情不能自己來，害怕夜晚的黑暗中孤獨一人。我們都害怕面對無情的結局，我們也應該害怕。家人四散，現在小孩不像以前那樣，會覺得對父母有應盡的義務。我們去敲他們的門時，他們有可能不會請我們進去坐。我們當然也不能靠鄰居，雖然以前也許有可能，現在鄰居可能連我們的名字都不知道，也不會注意到我們門口的信箱已經連續好幾個月都堆積如山。我們也絕對可以相信，政府會用最廉價的方式對待我們，那種法律允許的情況下最小氣的方式。我們淸楚知道，國家雖然不至於讓我們餓死，卻也沒有義務注意我們是不是能夠保留最後剩下的人性尊嚴。

這樣說眞的很不浪漫，但是婚姻無疑是對抗災難的安全保證，賭一賭會有人在生命終點照顧你（性別和年齡差距會影響機會大小），或者會有人在患病的時候擁護你。那些娶了少妻的老人是爲了增加有利於己的機會。這樣做原因很明顯，但副作用是，他們爲自己晚年找到的說不定只是一個私人護士。我對此事的觀點並不嚴厲。每一種動物都會盡力保護自己藏身之所，每個有人性的動物都會以其地位和金錢爲自己贏得新娘，他在她們的臉上看到一個有潛力的護士，假如他在過程中沒有暴斃或不曾遺棄前任妻子的話，那麼他只是以合乎正當的自我利益爲出發點而已。

由於對未來患病的可能性心懷恐懼，於是我們以一種心酸、勇敢而又叛逆的姿態慶祝生日、週年紀念、畢業典禮或婚禮。我們如此慎重其事，因爲這些節日是我們掙扎著求生、我們的決心以及好運氣的表徵。婚姻自有其情節和故事。沒有一個故事沒有威脅、糾葛和障礙。婚姻是一個故事，故事裡面沒有永恆不變這種事。

疾病可以丈量婚姻。但是還是老話，尺度何在、什麼是婚姻可以或無法承受的，這些都是非常個人的，與這對伴侶的個人經歷、過往、可以承受或不能承受的罪惡感等等密切相關，還有直接影響他們行爲的自我毀滅欲或自我肯定，光從行爲的外在並不總是能看出誰對誰錯。我們並不是每次都能判斷，對於生病的一方或沒病的一方，什麼才是最好的。適用於所有情況的規則很少，有些人太急著自我犧牲，有些人卻又不夠熱切。

貧賤夫妻百事哀？

人可能會丟掉工作或投資徹底失敗，威脅到全家人的福祉。的確，這在每個國家每天都會發生在許多人身上，簡直比但丁〈地獄〉（Hell）中的鬼魂更多，而當這種事情發生時，眞的就是地獄。說到婚姻，每個人都願意相信，不管時機是好是壞，我們都會永遠愛下去。我們願意相信自己在艱困危機時會更堅強、更好。直到與現實碰撞，經濟突然惡化，才發現自己不是像所想的那麼高貴、那麼強壯。當婚姻因命運或錯誤的惡劣打擊而搖搖欲墜，我們可能才發現自己很卑鄙、挑剔、怯懦，然後頭痛、酗酒的問題開始出現，我們把碗碟留在水槽裡，對配偶吼叫、辱罵，就像童話故事糖果屋中迷失在森林裡的韓賽爾與葛瑞特，不但沒有手牽手往前進，反而因爲不確定路怎麼走而吵了起來，然後從此各走各的路。

不應該是這樣的，但確實如此。沒有事情比經濟問題更能奪走男人的光彩，而工作上突兀的失敗也會讓女人看起來喪失吸引力。在某些方面我們希望伴侶事業成功，不只是爲了現實的原因，像帳單、學費、貸款等等，也爲了伴隨成功而來的光環、榮耀，以及樂觀。

我第一任丈夫是個劇作家。他的首部劇作在外百老匯開演時，觀眾反應熱烈，那時候我們都很年輕。開演後當天晚上，我們一直歡慶到天亮。酒吧關門的時候，近乎空盪的街道上方，天色一片悠悠的淡白，霓虹燈標示反射在玻璃窗上，我們依然興致高昂、喜不自勝。我以爲此後將一帆風順。我打算辭掉接待員的工作，然後生一個小孩。我們以勝利姿態搖搖擺擺地穿過曼哈頓的街道，像古代偉大城市的征服者。事物甜美的感覺，對他的強烈愛意，以及我的自信，在我心裡融合爲一。我選擇了一個看起來一貧如洗、行爲放蕩、離經叛道的年輕人當我的伴侶，我的判斷還眞是正確啊。

兩年後，他的第二齣戲在百老匯上演。那時候我已經知道，他的成功並沒有沉澱他的心靈，賜給他力量，也無法使他留在家裡，他手會抖、腳會顫、酒愈喝愈多，經常喝到不省人事。那時候他受到耀眼作家、製作人、名流想要和他同桌共餐、在酒吧共飲的誘惑。他不需要我的陪伴，而我寂寞地和孩子一起留在家裡。他的名聲在我嘴裡嚐起來就像灰燼。

在百老匯開演的那齣戲受到嚴厲的批評，不是一點點而是很多的批評、嘲弄和殘酷的揶揄。開演當晚，我們在一間美麗餐廳的派對中讀到評論，藍色的燈光在棕櫚樹葉上閃爍。他獨自離開派對去喝酒，一連喝了好多天，沒有打電話也沒有讓我知道他是不是還活得好好的。我回家和寶寶在一起。那時候我已經知道，我們不會這樣在一起，不會是永遠。那時候我仍然沒有停止愛他。我花了很長一段時間、經歷許多後續的震撼，那份愛開始萎縮、改變，最後消逝，變得漠不關心，或者差不多如此。

可怕的命運逆轉使我們分開，這事實很重要。如果艱困的時候不能彼此扶持，我們當初何必相守？如果他的痛苦只是他的，不能讓我分擔，我又如何分享他的勝利？早先的景象只是假造、只是幻覺嗎？現在他可能會繼續寫劇本並得到更好的評價。他可能可以承受負面評論的痛苦而繼續下去，但是這個毀滅性的打擊讓他深深受創，而他沒有浮木倚靠著存活。如果他向我尋求安慰或支持，我們可能還會在一起，但是他轉身離開。艱困時期是婚姻狀況的好指標。三個月之後，他提著皮箱離開我們的公寓。我們不是因爲那齣戲的失敗而分手，而是因爲，那齣戲的失敗暴露了「我們」並不存在，我沒法幫他拯救自己，我必須停止嘗試。他離開我，因爲我不再是他的幸運符。我們彼此的努力崩解了。他離開我，就像人們手腳敏捷的離開意外現場一樣。

有些男人因爲失敗而感到很丟臉，因爲無法面對家人而逃離。我想，在經濟大恐慌時期，火車一定載滿這種男人，他們離開愛他們的人，往不同方向離去。但是如果婚姻可以容納另一半的失望，可以克服經濟逆境或工作上的失敗，如果在全世界都很

尾酒會上，我們直覺知道應該和別人保持距離。我們不會直接湊到別人臉上，要不然，對方會自動往後退。但是和你所愛和所需要的人，到底怎樣的距離才是對的？如果對方往後退，可能會在你心裡引起一陣驚慌，然後你更往前靠，而這舉動只會讓對方更加退避三舍。婚姻中的伴侶想要親密，但是親密是一個理想化的字詞，並沒有透露出份量、地方，以及如何達到等等的具體事項。一個人的親密是另一個人窒息的惡夢。一個人覺得舒適的距離，對另外一個人來說，就像被丟到撒哈拉沙漠，連駱駝和羅盤都沒有，却必須找到回家的路。

這些都可溯源到我們出生最初幾個小時。事情並非像外表看來那麼簡單，我們想要抓住母親，沒有她，我們一定不能活。寶寶在還沒有六個月大的時候就知道此事攸關生死。嬰孩想要回到母親子宮，以便毫無危險地擁有她的身體，和她永不分開。值此同時，人類心靈中也有一股朝向獨立的推力，想要以自己的雙腳站立，不依附於他人地隨自己的意願走動。小孩剛開始會走路，搖搖擺擺跑來跑去讓媽媽追的時候，我們看到他一臉快樂。在週歲之前，我們就陷入最初、令人困惑的兩難處境：想要親近、受到保護，變成母親的一部分；同時又希望擺脫她們，獨立而不受約束，這是一個像蹺蹺板一樣起落的矛盾心態、這個困難的問題一輩子跟著我們，當然也會進入婚姻之中。在婚姻裡，這問題會再次重演。我需要空間，也需要你。將何所終？

有時候是終止於離婚法庭，那是一定的。如果你問一個男人在想什麼，經常得到的答案是「沒什麼」。對於這回答，如果沒有來一次額骨切開術是沒辦法了解的。他安靜、遠離，只顧想著自己所想的，他喜歡這樣。有時候女人會警覺。他不在那裡讓我依靠了，她想。他不愛我了，她想。她看著他心不在焉的眼神，焦點完全不在她身上，她想，他將我抹煞了。她可能會想吸引對方的注意力。哭泣、找出問題激他反擊，好比他母親要他們到佛羅里達看她，或手邊找得到的隨便什麼討厭的事情。她像是需要水的植物，如果他沒有回應她，她很快就會凋萎、皺縮、乾枯。

專業人士使用的字眼是自主性。他需要擁有自主性，或者他以爲是這樣。她也需要有自主性，所以不能在他隨時想要她的時候就躺到他身旁。這可能會變成權力鬥爭，似乎只要一點點耐心或善意，問題就可以解決。不幸的是，在每日需求的結構下，這種拉扯可能會爆裂，最後造成婚姻的離散。他得在星期六打高爾夫，而她要他整天陪她。她渴望他的陪伴，他卻覺得目前不太受得了她。即使性別倒轉，問題還是一樣。女方可能會是需要距離的人，而男方一直試著更接近。她可能覺得和他保持某種距離比較自在，但他則以爲要儘量親近，感覺才比較舒適。

更複雜的是，我們在很小的時候迫切需要母親，但是都會對母親生氣。大約一歲大時，我們眞的了解到母親是個別存在的個體，可是若沒有她的照顧我們無法生存。於是，我們對自己的無助生氣也對她生氣。你可以看到嬰孩會突然捏或咬照顧他的人。小孩長到兩歲的時候最可怕，你看到他們會爲了受到一點點阻礙就尖叫哭吼。我們會因爲媽媽來了又走，行蹤無法掌握而驚慌憤怒。我們的憤怒融合著對她的依賴，以及需要獨立的本能欲求。這些情感會在婚姻中重演，只不過現在是以成人關心的事作爲掩飾。我們會因爲些微分離的跡象就對配偶生氣。雙方都希望自己是主控者。如果太融入另一方，或者在控制權的戰場上失利（很簡單的事，像是要看什麼電影、要交什麼朋友，要到哪裡度假等），這類事情所帶來的暗示就可能讓我們怒不可遏、大發雷霆，有如陷入往日舊有掙扎的小嬰兒。

愛情應該能掩蓋這些差異，短暫時間裡也許會。如果兩方距離遠到超過雙方希望的，愛情會使一方努力去取悅另一方，允許另一個人進入他的空間，或者完全信任對方。但是愛情也會使我們有被愛的需求，如果我們自認另一方不愛我們，就會感到特別驚怕。愛一個人不會使我們心滿意足——反而讓我們想要得到愛的回報。「我不想被吞噬，但是我眞的想要靠近，靠得夠近。」我們很容易對所愛的人生氣。難怪婚姻就像酒吧裡醉酒的水手一樣踉踉蹌蹌。

我們處理這類事情的方式端賴早年經驗。是否由於父親或母親的遺棄，使我們害怕接觸或信任他人？還是父母親中有一方企圖控制我們的行動，讓我們變成他們的延伸？我們自身是否得到充分的愛，或者像漏孔很大的篩子一樣，老是徒勞無功的渴望獲得安心的保證？什麼使我們害怕，又是什麼使我們寬心？小小的突發轉變，或我們性格中的習慣影響形成都有可能。我們有多麼忌妒他人？多麼害怕背叛？需要多少獨處的時刻？可以忍受多少寂寞，而不會變成災難或傷害自己的家庭？

心理學家告訴我們，要教小孩在自己的床上睡覺。在這個社會，個人會因爲自身的成就而獲得讚賞，所以使寶寶依附於自己太久，是適得其反的行爲，只會使小孩無法適應現代生活所要求的獨處。另外，小孩若感覺不安、無所依附，那對小孩也不好，長大也不會健全。所以必須維持平衡。愛人之間，好比婚姻中的伴侶，也是如此。

剛結婚時，我會在家裡樓梯間仔細聽丈夫辦公室開門的聲音，這表示他一天的工作結束，他要回家了。我耐心的等待，有時候膝蓋上還抱著小孩，有時候自己一個人等，來來回回走動以確保小孩沒事。幾年下來，這樣等候的結果是喉嚨出現腫塊，心跳加速，手指顫抖。我知道他會回來，但是如果沒有呢？要是有什麼不測呢？會不會有病人殺了他、他突然腦血管破裂、或者強盜闖進來讓他血濺地板？怎麼辦？如果他不會回來呢？我坐在樓梯，因爲愛和失落的預感而痛苦。

很長一段時間過去後，我才不復在一天終了時坐在樓梯上等。我想他會自己開門回來。很長一段時間過去後，我們可以沒有交談、沒有身體接觸，各想各的事共處一室，而我不會覺得寂寞。我們找到了平衡。這是沒有吞噬、沒有追逐、沒有恐懼的愛，至少大部分的時間是這樣。

有時候我想，我應該是那種南太平洋某個島嶼的原住民，我不想孤獨無伴、沒有身體的溫暖和彼此共同的活動。我對自主性的目標感覺並不深刻。這個觀念好像是隨著資本主義的美德或冒充爲美德，以便掩蓋其痛苦滋味的運作一起推銷給我們的。但是我知道我的伴侶需要空間，至少部分時間是如此，他有他的尊嚴、他的距離。家裡發生事情，他就不說話，在自己周圍築起一道我無法攀越的牆。他有頭痛感冒之類小病痛時，並不要我奔波來去。他比較喜歡像一隻生病的狗，獨自退到他自己虛構的森林裡。

男女在此事上的差異，可能符合也可能不符合通俗智慧中說的。不過，這種「要求距離」和「鄙視距離」的不同性別風格，實在很難看得出有多少是屬於我們文化的部分（即使在比較開明的時代，男孩和女孩也有不同的教養方式），又有多少是植入兩性的自主性和賀爾蒙生理之中。也許男性被問到的時候，固定會回答他們什麼都沒想，也許女人固定會以盡可能親密的對話來跨越沉默。但是也許在女性取得平等地位的一千年之後，就不會再看到兩性中的哪一性是依循著古老而過時的刻板印象地圖向前進。

我們確切知道的是，在主宰和臣服的主題之上，婚姻也訴說了與親密和接近相關的故事。我們是名符其實的不和諧主題交響曲，難怪共譜和諧的音樂是那麼困難。

壞男人——惡女人

如果你聽了一堆專業人士的話，談了又談，會覺得婚姻失敗是因爲溝通不良，因爲過往在人們的心靈留下傷痕，而如果有適當的理解和相處技巧的改變，幾乎任何婚姻都可以像帆船一樣，雖然傾斜但可以扶正，然後再度前航。的確，除了可能有少數的「羅茲瑪麗的寶貝」（譯註：Rosemary's babies，典出波蘭導演羅曼・波蘭斯基一九六八年的恐怖電影，影射母親因惡魔而受孕，生出天生具有邪惡因子的寶寶）之外，每個人除了是家庭生活的產物，還受到遺傳的宰制和基因錯誤的影響。然而我們也可以這樣說希特勒，他證明了邪惡可能會藉故接近，但是可以確定的一點是，藉口並不是重點。所有心理健康的談話都可以掩蓋一個基本事實：有些人就是壞，有些人不能以治療、服藥或者濃厚希望來拯救。和這種人結婚就倒大楣了，如果有人能救你，他的方法一定是出走。

有這麼一個酒鬼，喝醉的時候會揍老婆、打小孩。一些脫口秀的主持人一定會推薦好的改造機構，幫助他改過。但不是每個人都會改，有些人就是沒有移情能力，沒有愛他人的能力，他們怒氣熾盛，不管你爲他們做什麼，他們就是會一再傷害週遭其他易受傷害的人。

我們看到有人無法親近女人，他們必須一次又一次從婚姻關係中逃跑。他們永遠是情緒化的遺棄者，他們從不停留。他們無法愛，他們只是征服，而且一犯再犯。治療、時間或年齡，可能都絲毫不會改變他們的行爲，或矯正他們扭曲的心。

有些男人是被害妄想狂，老是懷疑配偶背叛他，而這猜疑會破壞每一頓晚餐、毒害婚姻中的每一夜，直到所有愛情的殘餘皆消逝，而沒有任何治療能穿透那妄想的伴侶構築出的頑強而黑暗的堡壘。這種忌妒心強的男人不能忍受妻子離開他們的視線。他們動輒打老婆，緊盯不捨，把她們當作沒有自己人性需求的財產。

有些男人非常被動，沒辦法做好工作，或主動提出去看電影等。他們不和小孩玩，不把車子送去換新的煞車。他們就像僵屍，已經喪失內在光芒。服用藥物也許有幫助，也許沒有。有時候他們會沮喪得想要自殺。有時候眞的會自殺。他們很少和家人在一起。

有些男人會對自己的小孩虎視眈眈，在性方面失去自制力而虐待自己的子女。他們可能有自己的理由，但是我們知道他們是壞人，他們會造成很大的傷害，他們那無法被接受的病態就像腦中的惡瘤，難以移除。這種男人不像新興的女性主義文化所認定的那麼多，在實際的家庭中也不像最近幾十年的小說描述的那麼普遍。然而他們確實存在，他們行爲邪惡，本性邪惡，而可惡的行爲也不易預防——沒有一種消毒噴劑可以幫我們掃除那些對自己小孩亂倫的男人。

不是只有壞男人。也有些女人無法控制藥癮或酒癮。她們也許會拒絕幫助，否認自己有問題。也許會不想接觸自己的伴侶和小孩，最後把他們都放棄。有些女人無法控制自己的憤怒，會打罵或燒傷自己的小孩。這樣的人比我們的文化戰爭中所計算或報導的還多。每個人都知道一兩則類似的故事。患精神症的女人在自己的小孩身上看見惡魔，而想要把他打倒。有些女人因爲嚴重的憂鬱症，無法下床、無法單獨在家或去辦公室工作，嚴重到連醫師或醫院都無能為力。

有些女人脾氣差，對丈夫不好、對小孩不好，家中的每個人都又害怕又不舒服。她們的劣性可能使她們不斷對小孩嘮叨、每天晚上批評丈夫，或對他尖叫，指責他用錢不謹慎、性方面無能等等。有些人無法控制壞脾氣，她們就是這麼易怒。一個朋友的母親在她八歲的時候告訴她，她不會買腳踏車給她，因為她不值得擁有腳踏車。這個母親也不去參加女兒的高中畢業典禮。她告訴她女兒，她長得不好看，沒有男人會要她。母親怎能不愛她的女兒？但就是有這樣的人。那是怎樣的一種心靈？會是怎樣的婚姻？女兒去睡覺之後，她會在背後對丈夫說什麼可怕的話？有些女人讓男人覺得軟弱或無能，並因此而樂在其中。我們看過女人在大庭廣眾下這樣對待她們的配偶。

也有些男人和女人生來就是冷冰冰，無法真正感受到對別人的情意。他們可能會引誘他人，不斷追逐與人相繫的感覺，但這種感覺從未發生。他們可能外表漂亮迷人、事業成功，但是却心如死灰。配偶會想從這種人身上挖出一點愛意、一次溫柔的碰觸、一個和善的眼光，但是什麼都不會有。我們周圍有很多這種行屍走肉，他們大多不只死氣沈沈，還會不斷被激怒。這種人很難第一眼就認出，但是他們的確存在，他們動輒發脾氣、喪失為人的情理、而且也無法表達情感。姑且不論我們可能會是多麼笨拙，但是情感要表達出來才能導引我們向彼此伸出雙手啊。

你不會希望有這樣的人當你的父母，也不會希望這樣的人當你的配偶。但是很多人就是有這樣的父母或配偶。有些人壞透了，即使轉述他們的故事也沒有人會相信。有些人壞得簡直無藥可救，他們的婚姻也一樣。我們看電視，看到荷槍的壞人犯罪，也看到好人在追捕他們。喜劇裡有可愛的人，努力做好男主人。我們看到跋扈的婆婆或愛抱怨的爹、小孩有問題的警察、愛情生活不順利的女性醫務人員。但是我們却很少在電視上看到那些和我們一起生活，而偷走許多家庭中陽光的人。那種眞實人生的電視劇無法娛樂我們。

我看過一些壞人，無可救藥的壞人。我不認識殺過人，或製造出要警察出面解決問題的壞人。但是我認識我父親，他總是心懷怨恨，時時發作，胡亂對人穢言相向。我知道他不會因爲小孩的手撫摸他，或妻子送他特別的生日禮物、渴望取悅他而感動。他沒有柔軟的心腸，他不喜歡小貓、小狗或藝術、電影，他也不愛聽笑話。他心裡沒有上帝，也沒有替代上帝的事物。他不相信好事，他覺得所有的親戚或熟人都是笨蛋。他也這樣告訴他們。他使自己外表完美無缺，穿著打扮一絲不苟。他像叢林中的黑豹，愛來就來，愛去就去，全隨自己的性。他的目光像硬石，他不喜歡我們說的故事。

我們常以爲愛的力量足以移山，我想有時候的確可以。但是愛對於那些眞的沒有靈魂、深受傷害、墮落的人而言，是無法生效的。這樣想很天眞而且危險。任何人若想透過婚姻去拯救那些無法拯救的人，根本就是自投羅網，要是他們變成野獸的午餐，也無須訝異。

大多數人就算不和眞正的壞胚子結婚，也還是會碰到問題。但是他們的麻煩、落空的期待、不同的調適與愛人的方式、性方面不合，以及日常生活中影響婚姻的不悅所帶來的各種煩惱，通常都不是無望的，也不是治療師、宗教輔導員或伴侶雙方的常識所無法解決的。但是壞人、無望的人、深受傷害而無法愛人的人，却是存在的。沒有人算過這種人有多少，但已經多到造成問題了，而且一代比一代多。

很大的一個問題是，爲什麼這麼多有理智、可以準確預見災難的人會跟壞人結婚？當然有所謂的拯救幻想，我們以爲可以在改造另外一個人的同時找到自己。我們以爲喝酒喝得凶的人、壞脾氣的男人或女人，都會在我們溫柔的臂彎裡軟化，被我們的善良所轉化。不過這錯覺的背後還隱藏著另一個原因：我們可能眞的以爲，只有受損而得到我們盡職服侍的人，才會要我們。

「自尊」是一個會讓人噎住的字眼，因爲過度使用而失去實質意義，像淺鍋上的煎餅一樣變扁了。我們以何種角度看待自己、以何種方式尊重或不尊重自己的身體、心靈、行爲，都是很複雜多變的，會受到外在天氣狀況和內在情緒暴風的影響，根本無法將這複雜的心靈化約爲簡單的心理健康口號。指稱某人自尊心低落的口號幾乎沒有意義，而且常常只是給人打擊。另外，每個靈魂都會散發自己的光芒，如果那光芒被過往的經驗所遮蔽變暗，如果靈魂因爲痛苦或恐懼而扭曲，那也會影響該人的命運。現代生活中沒有一個自我是沒有割痕創傷的，也沒有一個現代生命能用自尊溫度計就可以解釋的。

我們也許相信，可以透過這樣的婚姻來滿足自己特殊但合乎人性的需求，換言之，就是自我懲罰。若父母曾經在某些重要的方面有負於我們，我們會由於罪惡感，而將氣出在自己身上。不快樂的童年醞釀出混和憤怒與罪惡的有害物質，使我們所經營的成人生活無法快樂，而可怕的家庭成長環境會在成人後的生活中複製。不管我們的理由是什麼，這麼做等同參與自我毀滅，所以接下去發生的事我們也有責任。命運和巧合擺佈著我們。但是除此之外，我們內在好像有座隱形雷達，將我們引向好或不好的所在，那來自我們的經驗，它證明不管我們有沒有做過這些事，我們的天眞其實都是騙人的。

不要因爲我們對於人心偏頗或粗淺的理解，就攪混了道德的池水。讓我們不要因爲幼年的悲劇就給自己找藉口。我們需要骨氣來挺直背脊。有些人就是壞人，如果你和他們當中一個結婚，唯一的解決方式就是帶著自己和小孩出走。

慢性的悲哀

有位治療師朋友在餐桌上靠過來對我說：「我有許多病人因爲婚姻不快樂來找我，他們的婚姻的的確很慘，但一起討論後我才漸漸清楚，他們本身就滿悲哀的，不管有沒有這椿婚姻都一樣。」

有些人罪惡感深重、競爭心強烈、非常焦慮、憤怒，他們其實和誰結婚都沒差。他們如果沒結婚，每天還是不快樂，換了伴侶一樣不快樂。意思是說，有些人有連配偶的深情也無法癒合的內在傷口。有些人受創很深，即使不和配偶吵架，也會在電話裡對百貨商店或電話公司大吼，或一路和姊妹、父母、銀行人員吵架。有些人很焦慮、很恐懼，如果不是拒絕和配偶去渡假，就是拒絕朋友看電影的邀約。如果不喝酒也會嗑藥如果不濫用藥品也會威脅著要自殺如果不威脅著要自殺也會騷擾同事或整天睡覺或在路上喝酒喝到爛醉如泥。

有些自以爲婚姻生活不快樂的人，其實本身就不快樂。好的治療提供一條生命線。但是也要有人伸手求援，抓住這條線緊緊握住。這樣的事不常發生。治療並非都會見效。

謝天謝地，有合法的離婚。謝天謝地，我們還有第二次，甚至第三次機會。謝天謝地，看清自我的確會幫助我們避免一再重蹈覆轍。特別要謝天謝地的是，好的婚姻還是存在，存在我們周圍，這也提醒我們，我們無須一定要成爲自己童年的受害者。

VIII

都是女性主義的錯？

到底該嫁雞隨雞還是妻唱夫隨？

尊敬並服從

這裡有一則給新嫁娘的忠告，出自一本意第緒語著作，稱為《善心》(Lev Tov, *The Good Heart*)，是十七世紀初期一位波蘭猶太人所寫，菲利普和漢娜・古德曼 (Philip and Hanna Goodman) 合作將之翻譯為《猶太婚姻文選》(*The Jewish Marriage Anthology*)(1965)：

這是一個皇后的故事，她把女兒嫁給一位年輕的國王，並給她以下的教誨：牢記十項規則，日夜反省，如果照著做，妳的丈夫就會愛你，像愛他自己的心。

第一項是，小心你的怒氣，不要使他生氣。當他發怒的時候，妳不要高興，當他高興的時候，妳不要發怒。而他一旦生氣，要對他微笑並以和善溫柔的言語回答他——找出他的飲食喜好並加以考慮——試圖準備好食物讓他肚子餓的時候隨時可以吃，這樣對你們都不好。如果他喝醉了，不要告訴他醉酒的時候說了些什麼，假如他要妳喝酒，妳可以喝，但不要讓自己爛醉，以免他看到妳這種樣子而開始厭惡妳。他睡覺的時候要守護著他，因為如果他夜晚沒有好好休眠，可能

> 會很暴躁。對於丈夫的金錢要節省並謹慎，努力不要給他帶來任何損失。不要熱切打探他的秘密，而假如你知道他任何秘密，也不要透露給世上任何人知曉。
>
> 找出他喜歡誰，然後喜歡那個人。他不喜歡的人，妳也不要喜歡。不要喜歡他的敵人或厭惡他的朋友。
>
> 做他要妳做的每一件事。如果他告訴妳什麼事，要贊同他的話。不要對他說，你說的不對，或我的建議比你的好。
>
> 不要指望他做他覺得困難的事。他可能會因爲妳指望他做很難的事而不喜歡妳。
>
> 聽從他對妳所做的要求，然後等待，如果妳這麼做，他也會反過來愛妳，會變成妳的奴隸，會滿心歡喜地服侍妳。
>
> 小心抗拒嫉妒心。也絕不要讓他妒忌。不要說任何可能傷害他的事情，每件事都順他的意。如果妳對待他像個國王，反過來，他也會對待妳像個皇后。

這些話顯示太陽底下眞的沒有新鮮事，蘿拉•道爾（Laura Doyle）的《馴妻》（*The Surrendered Wife*）眞的就是把十七世紀東歐對於猶太新娘的教誨翻版到現代來使用。

一九六〇年代女性主義中形成的新的婚姻風格，在一些人身上出現了反挫或倒退。《馴妻》這本暢銷書，證明了當一個文化往前發展的時候，確實就有人會想將它往後拉。美拉貝爾・摩根（Marabel Morgan）《完整的女人》（*The Total Woman*）以及菲利斯・許拉福萊（Phyllis Schlafly）和其他保守主義者沒完沒了的講演就是絕佳例證，他們像膽小鬼一樣害怕工作職場上的女人會讓天塌下來。蘿拉・道爾自道她的書《馴妻》是要「尋找與丈夫的親密、熱情以及和平的實用指南。」這位自認爲導師的作者建議，女人不要使用大腦，只要同意丈夫所說的每一件事好照著做。這本書建議妳不要糾正錯誤、不要建議處理金錢的方式、不要試圖教他或改變他，讓他在高速公路上走錯出口，讓他決定渡假的事宜。她宣稱女性在這方面的被動會使丈夫變成熱情的愛人以及體貼的伴侶。因爲有許多女人害怕失去丈夫、害怕離婚和被遺棄，這本書說出她們的恐懼，保證只要放棄獨立性，她們就可以獲得安全。但是代價（犧牲尊嚴、大腦、精力和意志）對大部分的女人來說都太高了，大多數的女人根本不會考慮。即使在黑暗的前女性主義時期，男人也不會用這種態度控制妻子。總是有些笑話提到跋扈的妻子和順從的丈夫。馬克白夫人就是一例。想想看所有關於掌權妻子的笑話，女人透過巧妙的操縱、荷包的掌控、以及街坊的智慧來運作權力等等的。順從的妻子走路要在丈夫後面六步，對他做的每件事都微笑以對，像可愛的寶貝不亂發脾氣，也不會想到把他的食物一把推到他面前，這樣的形象是不眞實的。即使以頭巾包臉的回教女性也有自我主張和進行報復的方式。上面那位教導女兒如何面對即將來臨的婚姻的母后清楚知道，如果沒有她提醒，她的女兒就可能會提出意見、起而行動、並堅持自我。沒有人會對於人們不會做、或已經做出的事提出規定。支配和服從在性別的軸上從來不是清楚劃分的。婚姻總是包含著爭取控制權的元素，沒有人確切知道其他人的婚姻實情。軟弱無能可能是控制，而專橫跋扈可能是幻象。女性主義不過創造了一個平等的舞台好讓戲劇上場。

聖經出現在一個父權的古代世界，當時勞動分工清楚，女性無可置疑的角色鼓舞了階級婚姻的秩序性。但是現代生活需要受過教育的人進入職場，不管是男是女，對於自我完成和個人快樂的深刻期許，無法將福音中要求女性謙恭柔順的文本當作福音，至少在一個工業的、資本主義的、行動自由、萬事可說、不拘泥於傳統的社會不是這樣的。不管是福是禍，不管有多少書教給你相反的想法，男女都會努力在婚姻中爭取平等或支配的位置，而絕大多數的人都不會注意那相反的聲音，那種向你保證如果放棄自己的心靈、服從於另外一者的意志，就會得到快樂的聲音。長久以來，只有在婚姻破裂的時候，順從丈夫才變成理想。我們不需要女性主義來激勵我們獨立思考、給人建議的慾望、對於人和事件的獨立判斷等。至於讓伴侶妒忌這件事，這一直是婚姻中的一個因素，從聖經中就開始，亞伯拉罕納哈格爲妾，而莎拉妒忌得臉都綠了。

支配女人的需要，最初的根源在於想要使女性沒有婚外性接觸的機會。中世紀猶太人生活中，妻子必須剪掉自己的頭髮，戴上假髮，這樣別的男人才不會因爲她美麗的秀髮而渴望染指她，同時也代表這名女性已經名花有主。回教徒堅持她們的女人頭髮要覆蓋住，有時候連臉都要遮起來，這樣別的男人才看不見她們。這是爲了確保父權族系，用以表示小孩和父親的關聯。這也是男性恐懼女性誘惑力的原始表現，好像女人有特殊的力量，必須藏在黑布之後，或削髮以除魅。男性父權壓迫的根源，源自於對女性性力量的恐懼。蘿拉・道爾並沒有要女人剪某個特殊的髮型，但是她的幸福婚姻公式同樣要人捨棄自己的靈魂、禁止個人風格，就像剪掉新娘的頭髮或以黑布覆蓋的習俗一樣，皆暗喻著隨之而來對自由的限制。

當女人普遍意識到世界中男性支配的情形，而美國女人不再那麼願意嫁雞隨雞、爲了先生的機會而犧牲自己的機會時，家庭出現新的問題。愈來愈多的女人道出被配偶虐待的事實，於是女性主義清楚表示，文化在改變，女人不會再沉默忍受、不會連女人間彼此的幫助慰藉都闕如。

愈來愈多的女人婚後保留自己原來的姓氏，宣示了她們個人獨立自我的價值，不論女方是不是待在家裡帶小孩，婚姻本身都漸漸變成兩個價值平等的人的伴侶關係。女性主義運動要求家事工作應該有薪給，或者價值應等同於家庭以外的工作，這要求雖然並未被接受，但許多人聽到了，而這個年代結婚的男女對婚姻的期待已經和他們的父母或祖父母不同了。讓我們在這裡跳場勝利之舞吧。

這簡直是一場革命。雖然今天幾乎沒有人想要被稱爲女性主義者，但是西方世界中幾乎每個家庭都因女性主義而有所變革，權力安排的方式改變了，經濟安排的方式改變了。當然反革命的力量也很多，偏好傳統的人高聲疾呼，或者自以爲是爲了宗教和政治的理由而反對。在美國，保守主義者和我們這些人之間的文化戰爭，主要集中於女性主義提出的議題。

女性主義或許鼓吹女性變成精神外科醫師，但是從未清楚對她說明要達成這個目標可能必須犧牲什麼。是的，這也許是女性獲得平等後附帶的不幸產物，但不要忘記，在女性運動開始之前，女性憂鬱的比例很高，加上與空巢期的落寞對抗，最後經常在喪偶或離婚之後失去自營維生的手段。女性保持傳統婚姻角色所付出的代價是很高的，對於知性和精神生活的發展都會造成困難。

女性主義的觀點並未因此帶來普遍的快樂，但這並不是期盼回到傳統的理由，事實上傳統對於婚姻中的男女都稱不上理想。說來悲哀，但是我們必須承認，幸福快樂在以往也是很罕見的。女性空巢期的憂鬱也許已經比較少，但是憂鬱本身已證明會跟著外在改變而調整。百憂解（Prozac）和Zoloft（抗憂鬱症製劑）取代Miltown和Thorazine（兩者皆爲抗精神病藥物），成爲上選的藥物，但是開出的藥物數量浮濫，這讓我們了解，要擺脫困擾著兩性的焦慮和憂傷，需要的不只是一場社會革命。爲此我們可能要等待下一次彌賽亞的降臨。

文化風格的改變、女性從例行的家事工作解放、現今許多男女所採行的勞務分工，並沒有使婚姻變得比以往更好、更安穩或更合意，但是當然也沒有使婚姻變得更差。只不過離婚率繼續在吾人的花園中遍灑苦惱，在腦海製造困惑。

我深深期盼婚姻中的兩性平等，也依然相信這是任何結合的雙方都應該採行的。但是平等只是使婚姻快樂的一個因素，並不會因爲婚姻朝更好的方向前進，家務事的前線就會萬事太平。這眞是太糟了。女性主義治癒了一些問題，却又帶來其他苦惱。這就是社會變革的本質。

妳可以像一些廣播脫口秀的主持人，把矛頭對準女性主義運動，把所有的離婚以及週遭看到的落寞孤單，都怪在女性主義頭上。的確，在女性主義魯莽任性的初創期，很多女人離開家庭、追求自我完成，若不是女性主義是不會這樣風起雲湧的。因爲社會的變革，有些可能值得挽回的婚姻也拆散了。不過，女性在工作職場上、在專業上對於平等機會的追求，的確也釋放出許多相關的需求。男人應該自己洗襪子、自己熨襯衫、洗碗盤、換尿布。的確，因爲女性主義對於工作的強調，許多女性爲了完成自己的教育而延遲結婚的時間，而在過去，則是大多數女人會爲了婚姻而早早放棄教育。的確，三十好幾猶未婚的女性，現在可能會因爲自己的選擇而後悔，害怕太老了不能生小孩。以事業爲主的女性可能錯過了家庭之船，雖然有些人可能會因爲這樣的結果而感到高興，大部分的人卻都懊悔不已。

男性與女性，祂創造了什麼？

我們依然不了解，身爲男人或身爲女人代表著什麼，我們的性器官和我們在眞實世界的行爲到底有什麼關係。顚覆早期一些刻板印象（女性等於被動，男性等於攻擊）之後，我們並不確定還剩下什麼可以用來界定我們的角色和本性。舊有的刻板印象和性別區分依然在腦中盤旋，並沒有在一九七〇年代消失或化解。我們依然搞不懂所謂男性特質（陽性）是什麼，所謂女性特質（陰性）又是什麼，特別是在這個世界，兩者都還未清楚加以區別的時候。人是動物，依然會因爲異性相吸而受到刺激，這吸引力的確和生物賀爾蒙及行爲的差異有關係。所以現在出現一種新的大眾焦慮，是關於難以討論、難以解決的男性性質及女性性質。難怪《馴妻》有那麼多的讀者，這本書以簡單的管制公式回答了性別的問題。

總會有一些男人是被動多於主動，而有女人是支配性強於服從性格。對這點的焦慮在世界上帶動了極端的大男人文化。男人害怕的不是女人會傷害他們，而是害怕自己心中女性化的被動聲音。我們都是由主動和被動傾向所構成的，而這會讓我們緊張、害怕，因而更誇張地表現我們自己當中的某一面。此外，性的滿足和性表現需要一種對於吾人性別的接受和確定感。

蘿拉・道爾的婚姻中出現正面的改變，或可如此解釋：因爲她的丈夫不確定自己內在的男性特質，而只有當他妻子的反應變成典型女性荒謬刻板的反應時，他才充分感覺到未受到威脅，變成能給予保護、會愛的男人。我們根據她的報導得知狀況是如此。

如果此一解釋是對的，那麼蘿拉．道爾的丈夫可說是對於其男性身分不確定，需要妻子扮演墊子的角色，以穩住他焦慮而不安的男性氣概。她為他而這樣做，但是同時，她必須排除並壓抑自己主動的一面，自我人格中開放、進取、充滿活力而果決的面向。而他，則是反過來，終究必須壓抑個人較被動的部分，因為妻子覺得被動不好而加以排斥。於是，兩個人都被迫要犧牲自己的一部分，同時個人也都遭到貶抑，無法達到原本可以達到的狀況。他必須不斷提供保護並行使控制，而她必須永遠馴服而被動。唉。這對夫婦變得就像毛茸茸的古代毛象，凍結在冰山之中好幾個世紀。兩個人都失去了一些東西。

當然，在她的部分是不誠實、是操縱、是詭計。她並不眞的認為他懂得最多，或者對金錢最有頭腦。她假裝如此，以便讓他根據刻板的模式扮演他的角色。這個刻板模式就像裝上永備電池的小兔子，在人家以為電池可能已經快用光的時候，還可以繼續動很長的時間。到最後，蘿拉．道爾還一直在上發條或給電池重新充電，雖然是從幕後不是幕前。如果他吃這一套，那沒問題，但是他也是上緊發條在演戲，似乎她已經達成相當可觀的成績，把眞實的男孩變成玩偶。

假如女人眞的天性馴服，而男人是英勇的騎士，婚姻就會比實際更順利。男人，包括萬寶路男人、總裁大爺、士兵以及足球隊員，其實跟女人一樣，都有強烈的當寶貝的渴望，給人當寵物、給人保護及照料的欲望。女人有精力，有主動自我伸張、表達憤怒、贏得競賽的慾望，一直都有。而前女性主義文化的問題就是，一旦打破假設中性別差異的嚴格規則，就會被視為越軌而遭到辱罵。

一八八〇年代在紐約市上流社會，家教良好的女孩並不上學。三一學院的院長摩根‧迪克斯（Morgan Dix）牧師宣佈，女性的教育應該只以女性化的目的為主，換言之，是「為了符合男性所有的需要。」女性應該是「道德的槓桿」，而她一生的角色是「保持家的單純、甜蜜，謹慎地規範及管理。」接著堅定地套用此一模式的是才女愛狄斯‧華爾頓【見第三章譯註】，她的一生和她的藝術都深受影響。她於一九〇二年的小說《計算》（*The Reckoning*）中有段文字一針見血：

她丈夫的性格似乎漸漸地逼近她自己的性格，遮蔽天空也隔絕空氣，直到她覺得自己被她深切渴望而行將腐敗的屍體所包圍。好像被某種古老的陰謀所引誘、陷入這個身體和靈魂的禁錮中，這感覺使她絕望無比。如果婚姻是一輩子緩慢的償還無知背負的債務，那麼婚姻就是違反人性的罪過。

這種婚姻的確可說是違反人性的罪過，使許多女性成爲受害者的罪過。我的父親是個律師，一九五〇年代時他告訴過我，女律師很醜，每個都很醜，是被婚姻市場所淘汰的人，沒有一個男人想和她們生活。他說我母親是個笨女人、蠢貨。他說這些話的時候絲毫不帶感情。他對我母親的描述並不正確。我家有位女性友人寫了齣戲，要在百老匯上演了，我父親却說這個劇作家是個笨婆，寫不出什麼有價値的東西。但是她寫出來了。在這樣排斥女性心智和能力的文化中，女性主義誕生了，但是目的不是爲了排斥女性特質或男性特質（有少數人除外）。我們認爲，在性方面的敏感和喜悅，是和我們的女性身分相關聯的，但是，一旦將主動生活的阻礙移除，又是什麼東西使得該身分讓步的，我們却不清楚。這是未來的世代必須思索的。

男人在自己的陳腔濫調中蹣跚而行，那些腔調催促他們隱藏自己的情感、抑住眼淚，擺出一副強悍的樣子，事實上可能並非如此，他們否認自己的恐懼，不敢跟自己性格中更溫柔、更貧乏的面向接觸。任何想要使我們走回頭路的人都患有嚴重的懷舊病，他們應該被孤立，傳統的理想並不理想，而對這一理想的渴望顯然很有感染力，明顯危及了公共衛生。

我注意到，我女兒這一代對於非常女性化的服飾感到很自在，她們蹬著無法疾行的高跟鞋，擺出性感姿態，甚至公開引誘。在女性主義早期，我們認爲這樣的服飾會把我們降格爲性對象。我們比較樸素，反對女性化的刻意裝扮。這是對於雙腳被束縛、身體被緊綁的反彈。她們的服飾則似乎是對於我們懼怕性表現的反彈。以此類推，年輕世代的裝扮中帶著勇氣和率直，似乎也是一種回答問題的方式：女性如果不是被動，那是什麼？也許這個世代正走向一種不會威脅男性和男性特質，也不以壓制女性爲必要條件的婚姻。

如果男人換尿布，買晚餐，輪流用吸塵器打掃客廳地毯，他仍然可以領導狩獵、保護家庭，這還是我們夢寐以求、充滿性吸引力的男性形象嗎？如果女性年薪六位數美金、手提公事包，她依然可以保有女性特質的誘惑力，依然可以提供臥房中所需要的溫暖、庇護和性的神秘嗎？我們無法抹除所有男女的界線，活在完全去性別的世界裡，而不喪失某些生物性的部分，這些部分就存在最愉悅的調情、最熾盛的誘惑力，也透露出我們眞實的好色本質。同時，如果我們堅持從古早時期流傳下來舊有的刻板形象，難保不會使彼此的某些期待落空，或毀壞生活中依然具有價値的某些東西。

新式婚姻中，男女雙方都賺錢，共同養育小孩，也同樣繞著這個問題團團轉。他們沒有別的選擇。書中或任何一個牧師、老師或博士的口中，都無法找到簡單的答案。

我們一起面對，而這並不簡單。

在我第一次的婚姻中，性別角色的問題從未出現。文化中沒有這類談論，而我們也沒有詞彙可以討論。我們面對的是相當不同的區分，理智與瘋狂、淸醒與迷醉、想要小孩和不想要小孩。我們可以把性別換過來，這樁婚姻中的一切還是會一模一樣。我利用他來滿足我自己的野心，不過這不是只發生在女性身上，作家的男性伴侶也可能如此，像李奧納德・吳爾夫（Leonard Woolf）、喬治・劉易斯，和路易莎・美・阿爾喀德（Louisa May Alcott）的丈夫。（譯註：李奧納德・吳爾夫，英國作家維吉尼亞・吳爾芙的丈夫；喬治・劉易斯，喬治・艾略特的丈夫；路易莎・美・阿爾喀德，最重要作品是《小婦人》）我的第一任丈夫確實利用我來煮飯、洗被單、刷馬桶。但他也利用我賺錢，一直到這樁婚姻結束爲止，我都是賺錢養家的人。早在性別期待變成婚姻中的議題之前，許多人就已經有角色翻轉的情形，至少某部分是如此，許多人無視規則的存在，眞實生活也沒有這般嚴苛過。

我的第二次婚姻與美國女性主義運動同時開展，我和我丈夫摸索出一種生活方式，在這裡，性別還是很重要，但是不會侷限著我們往狹路走去。他開車，我步行。在餐廳他付賬，我對著服務生微笑。他納稅，賺取穩定的薪資，但是我們兩人都工作。

我安排和共同的朋友會面的事宜，他爲大家煮晚餐。他照顧花園，我洗衣服。他沉默而我好溝通。他對於風的來去不動如山，我則總以爲颶風即將成形。在困苦的時候他堅持而冷靜，我則好哭而害怕，只得停止說話去睡覺。如果有人想要傷害我或我們的小孩，他會殺了對方，我却會跑去找警察或躲在櫥子裡。我喜歡他勇敢如士兵，我也喜歡他懂得怎麼照顧腹部絞痛的小寶寶，直到疼痛減輕。我可以在我們婚姻中的行爲方式看見性別刻板印象的殘餘。是因爲成長過程中的類似經歷？是因爲我們選擇如此？還是因爲這刻板模式永遠不可能根除，根除了便會傷害到兩人之間性的結合？我不確定。我想也沒有人可以確定。

IX

或許相親結婚也不錯

該不該相信媽媽的眼光？

對非傳統家庭的反對過於強烈，而且也沒有自鳴得意的必要

想要有小孩但是找不到合適伴侶的女人，現在也可以撫養小孩並疼愛他們了。愛女人的女人和愛男人的男人，現在也都可以撫養小孩、幫他們洗耳朵、檢查他們的作業、計劃生日宴會、擔心他們的未來，就像其他人一樣。這是好事一樁。毋須擔心人類的愛和成人對小孩的愛，已經擴張而爆裂，超出傳統的界線。保守主義者認為，單親家庭是和魔鬼共舞，許多沒有配偶但即將面臨生育力終止的女性卻亟欲擁有這個可能性。單親身分可算是次好的選擇，在一半的基礎上建立一個家庭。然而，毫無疑問，次好的選擇也比第三個選擇好得太多——就是完全沒有小孩。每個人的生活都是由許多的次好和第三好的選擇所構成的。單親媽媽照顧小孩，可能比結了婚的十幾歲媽咪，或是結了婚但是婚姻不快樂的母親，表現得要好很多，也更能掌握自己的命運。我們的社會是一個好評判的社會，總是想在別人身上找到凡人都會犯的錯誤。

要撫養好一個小孩，有許多要素，而有些因素是端繫於小孩身上。少一個父親或母親，在整個撫養過程中的教養並不會構成好壞的巨大分野。上蒼會加予我們其他的缺陷——失明、失聰、早熟以及學習問題，潛在的痛苦煩惱可以列出一長串，這些只

是其中的幾項而已。父母的憂鬱、沉迷上癮、經濟上的失敗或各種慢性疾病，對小孩而言都是很辛苦的。再加上壞脾氣、神經症的恐懼、抑制、強迫症等等爲家庭製造陰霾的微妙問題，不管這家庭是單親還是雙親都一樣。

也許是專橫太久的清教徒道德感餘燼使然，我們太過於憂心，或者憂心不對的事情。在整個歷史中，早夭使得家庭改變其面貌和形式。女人死於生產，男人因爲踩到生鏽的鐵釘感染或重感冒而死亡，許多小孩就會失去父親或母親，甚至父母親雙亡。這很慘，但也不是世界末日。監護人、繼父母、學校、教堂、姑叔姨舅、通常都會起而代之，提供小孩所需的照料。仔細觀察，我們今天看到令人擔憂的家庭統計數字，也不完全是激烈的突變。還記得赫絲特和珠兒（譯註：兩者皆爲霍桑小說《紅字》中的人物，珠兒是女主角赫斯特與人通姦所生之女，調皮、好動、不受社會化的影響），她們在很多眞正重要的方面都是與衆不同的。

我父親和情婦生了個私生子。母親去世後，他娶了這個男孩的母親，把這個當時十二歲的小孩帶到家裡。這件事情可悲的是，另一個男人因此失去了妻子，以及他以爲是他生的小孩。那個家庭裡其他小孩則失去了家。可悲的是，我父親背叛了我母親。可悲的是，他喜歡這個兒子勝過他第一個兒子——我弟弟。之所以會有這樣複雜而難受的感覺，是因爲我父親把他的外遇當成秘密，而對自己的妻小毫無愛意。我們在法律上的合法性無法在情感上獲得他的愛，而對我們來說，他的愛却才是更重要的事情。

或許不需要結婚才能有小孩，不需要結婚才能使小孩上最好的學校、有最好的家庭、參加最好的俱樂部。的確，現今的婚姻失敗機率很高，而父母離婚的小孩在探索父母親無法全身而退的婚姻國度時，可能會特別有所顧忌。

最蠢的土包子也知道，如果婚姻陷入泥沼，可沒有任何情感的投機性基金可以保你無事。

如果快到四十歲還沒有伴，我會很想當個單親媽媽。儘管會有些障礙，但冒這個險還是值得。如果能夠養活自己和一個寶寶，我會以各種合理可得的手段來達到。我絕不會爲了讓社會學家或教會人士高興而結婚。我也不會因爲自外於道德社會而有罪惡感。我知道，道德並非列在國家或教會發行的許可證當中，而是在每一個人心中，在親密關係中，並在我們愛彼此、照顧彼此的方式當中顯現出來。我却絕對不會因爲找不到終生伴侶而接受不當母親的生活，絕不。

同性戀者的家庭不管是透過生育或領養來撫育小孩，面對的紛擾狀況會稍有不同。和較爲傳統的家庭比較起來，不會更好也不會更壞。我覺得很奇怪，竟有人會阻止其他人給小孩一個家。爲什麼會有人不讓小孩享有假期的傳統，有個可以保護他的父親或母親，有個煥發著驕傲、鼓勵你前進的親人，有個可以提供舒適來源的家庭以及成長的地方？家庭可以由兩個母親或兩個父親所組成，這樣似乎只會擴大可能性，增加有效家庭的數量。怎麼會有人認爲，如果被父母期待著的小孩不能出世、而父母不想要的小孩不能被別人收養，這樣的世界會比較好？我們都明瞭傳統婚姻生活中所有顯見的缺點和危險陷阱，所以如果同性戀者想加入撫養小孩的行列，我唯一的遺憾是，「從此過著幸福快樂的日子」依舊只是偶然，不管發誓忠於彼此的兩個大人性別爲何。

爲媒妁之言乾兩杯

我在想，爲什麼這些受過教育而具有能力的女性，即使她們渴望愛、家庭生活、以及生養小孩，却那麼難找到對的伴侶。爲什麼那些生理時鐘在如此多黯淡的心中點滴流逝？那些單身廣告、媒人、父母親、叔伯姨舅、同事同學、聯誼及交友服務，都出了什麼問題？還有這麼多孤男寡女猶尋尋覓覓，未能步上地毯的另一端，至少未能在適婚年齡前做到。這是爲什麼？我們相信戀愛。我們都相信，那個適合的人就在燈火闌珊處。但我們也知道婚姻制度運作的不太好，它對於這麼多人都沒有用。婚姻現在是不是失去了吸引力和必要性，沒有任何使之持續存在的理由？在其他的文化中，像巴基斯坦、中國、西藏，離婚比較不常見、也比較不可能。有些地方，像印度、烏茲別克、敍利亞，婚姻是父母之命，小孩沒有置喙的餘地。這些經由安排的婚姻並不是以我們所說的自由選擇、深刻愛情和浪漫期待爲基礎。丈夫和妻子只在結婚儀式之後，開始一起生活時，才有機會逐漸認識彼此。男女快樂相伴，友誼隨年歲而更濃厚，這種結果的達成却是透過強迫旋轉的命運之輪。雖然只是根據直覺的常識觀察，但我認爲，因階級、地位、財富、家庭關係而公開結合的婚姻，長期下來會運作得像我們的一樣好，很難會更差。在這些傳統的社會中，不會有三十幾歲的女人在單身酒吧裡找伴侶。男女都沒有承諾的問題、外遇的危機，也不會被迫在報紙刊登徵婚廣告。如果能像細數空氣中花粉的數量那樣衡量社會寂寞係數的話，我們也許會發現，在西方，寂寞指數高到令人無法接受。如果能夠衡量婚姻中的快樂，那麼自由而獨立選擇的婚姻和父母之命的婚姻之間，可能找不到統計上的差異。

一位美國法律博士說了件事，他以前有位來自印度的女學生，現在在新德里一家傑出的法律事務所工作。女學生曾經來找他，告訴他她的父母已經開始爲她物色對象，馬上就會替她安排結婚。他問她，爲什麼在美國那麼多年以後，還是讓父母爲她選擇丈夫。「喔，」她聳聳肩：「我太忙。工作到好晚，週末也工作。沒有時間自己來。」在美國，經由介紹的婚姻被看做是一種契約勞役，這位年輕的律師還得爲自己辯護，願上帝幫助她脫離，她需要上蒼的恩助。

現在我身爲母親，居然也覺得透過介紹而結婚的主意不錯。我可以做得很好。我可以很容易地保護我的小孩，以免她們選擇錯誤，帶來不幸。我多有智慧啊，而她們又多蠢，至少我認爲如此。誰會比我更知道我的小孩，誰又能更成功地爲她們計劃未來？誰更知道生命以及生命所導致的後果，是我，還是她們？這主意眞是妙極了，雖然只是不著邊際的幻想！

我知道還有其他的問題存在。在印度鄉下，年輕的新嫁娘如果無法取悅夫家，或嫁妝不夠，有時候會遭到焚燒的命運。在許多這樣的地方，妻子被視爲家產，被關在家裡，沒有逃走的希望，沒有娛樂，沒有情愛。她們可能被急切或貪心的父親嫁給老男人或壞男人，她們被禁止再見到自己的家人。恐怖的故事沒完沒了。最後兩性都很容易覺得無聊、孤立，比沒有結婚的時候還要寂寞。不管如何，在那些文化中，「艾莉的異想世界」（Ally McBeal）的收視率一定會大幅滑落。想起來是理所當然的事情。在這樣一個女人早婚、在凱莉的年齡就有一屋子小孩的文化中，「慾望城市」這種節目是沒有意義的。那些因父母之命、媒妁之言而結婚的女性，沒有時間妄想或產生幻覺，因爲她們早已忙著照顧、打理、生小孩等等事情。二十出頭的成年女性不會跌跌撞撞，同居男友一個換一個，用免洗餐具吃東西，好像永遠過著住校的生活。十幾歲結婚的女性比較容易自然受孕，不用試管，而遊樂場裡都是孿生子女的景象會像晨袍和電話卡一樣罕見。心理諮商師不會聽到熟悉的話，像是：「爲什麼我老是找到不對的男人？」「我們來談談，好嗎？」可能會變成像以下的說辭一樣過時：「把馬栓上吧，我們要去參加縫棉被的聚會了。」自由要付出代價，而且代價很高。

在極端正統的猶太文化中，新娘的父親和未來新郎的父親簽約，然後替年輕人安排相親。他們在公共場合見面。如果他們喜歡彼此，就可以再安排另一次會面。見過幾次面之後，就必須做決定了。男方或女方都可以退出，如果沒有退出，就開始準備婚姻事宜。這樣的計劃不允許任何性的探索。發生在某個旅館飯店羊齒植物旁的求愛過程如此短暫，只能觀察到表象。讓人一看就討厭的人落居下風，而情感膚淺、乳臭未乾、執迷、焦慮、怪異或瘋狂的人卻處於優勢，因爲在幾個小時的時間內，每個人都可以將比較沒吸引力的一面遮掩起來。

這樣安排的好處是，彼此的文化、宗教信仰、生活方式和雙方的期待都是一樣的。他們不必約三次會才問對方是不是想要小孩，願不願意送小孩去宗教學校等等。女人不需要擔心男人沒有辦法養她，因爲她父親會先幫她調查。男人也不需要擔心女孩名聲不佳、欠缺教育或者沒有受過他希望妻子受過的教育，或不知道她身爲妻子該做些什麼。這些都有幫助。當然，我們對彼此不了解而希望知道的地方還可以列出一長串。他喜歡音樂嗎？她討厭她的姊妹嗎？他做生意時會說謊或欺騙嗎？她喜歡衣飾嗎，還是對政治有異於常人的興趣？他會是領導者還是追隨者？她會尊重他的想法嗎？他會尊重並愛慕她，還是會討厭她的意見？她到底又有什麼意見？他會像小孩一樣害怕黑暗嗎？她懷孕之後會有力氣照顧小孩嗎？她喜歡笑，還是脾氣不好？他勇敢嗎，還是碰到問題會躲起來？如果她感冒頭疼會變成什麼樣子？他受挫時又會如何？會一連沮喪好幾個月，還是會馬上復原重新試過？所有這些問題，以及更多更多的問題，都只有在雙方共同生活幾年之後，才有辦法解答，或者才有可能解答。

在中世紀東歐許多地方，猶太新娘和新郎在婚前從未見過面。婚禮中有一項習俗，在大家說完祝福的話之後，新娘新郎會被帶到一個私密的地方，給雙方短暫的時間相處，一起吃點東西。通常在這裡新郎就可以第一次看到他終身的伴侶，她也可以看到他。試想那個片刻的力量吧。想想看，有多少是依賴他們對彼此的反應。在這私密相處的片刻，伴隨這對新人的會是什麼樣的恐怖和希望，什麼樣的甜美和恐懼。家人和社區的人一直在跳舞、慶祝，他們還會再慶祝好一會，而當兩人單獨對坐，穿著禮服、傳遞蛋糕水果給彼此時，婚禮的公眾部分仍然繼續進行。人家告訴他們要彼此餵食。她張開嘴，他看到裡面粉紅色的肉。他的心碰碰跳。他張開嘴，她用叉子挑起食物，放到他的唇間。那是陌生人的唇。和一個陌生人這麼靠近，而且知道你得一輩子待在他身邊，那是多奇怪，多駭人啊！

再想想我們現在的婚禮，新郎和新娘早已共用一個浴室，皮箱和他老媽給他放在學生宿舍裡的老沙發，都用了很久了。她的內褲滑到椅墊下，他的運動襪在她的洗衣袋裡面。婚禮之夜到了，他們沒有什麼好驚慌不安。沒有什麼好發現的了。他知道她的右邊乳房下方有一個痣。她知道他的腿脛上有一道玩冰上曲棍球受傷的疤痕。她知道他害怕的東西，她也知道他看上她哪裡。那麼爲什麼婚後雙方還覺得自己被騙了、被誤導了，或沒有看到可能會導致離婚的一些最關鍵的地方，這樣的事還是會發生？爲什麼那些預先知道的事情未能使我們免於失望？這裡毫無神秘之處。我們應該有的總是不會缺。我們做出有破壞性、難以想像的決定。如果被自己扭曲的無意識所引導，更可能會爲尋找不幸而結婚，求仁得仁。事先知道，並不會保護我們，抵抗心中的黑暗面。

這裡有一段安東尼•卓洛普在《你能原諒她嗎？》（*Can You Forgive Her?*）當中的文字：

有人警告說，結婚要謹愼，很多人是匆匆結婚，卻慢慢懊悔。但是我不確定婚姻可以不要想太多；我也不確定，愛情長跑後的婚姻是不是也和閃電結婚差不多，總是會出現慢慢後悔的狀況。有些人就是會後悔，這是沒有人會懷疑的。但是我比較相信，大部分的男女都是找到什麼就是什麼，像鳥一樣根據自然力而結合，和配偶在一起，大致滿意，雖然也不是毫無紛擾⋯⋯。我確實知道，女人無法以自己的審愼和品味，向自己肯定哪一個會是好男人，就像很難給自己的身材加個幾英吋一樣。但是丈夫們應該天性上都有些正當的優點——妻子們也是，在我們國家大部分都是——這樣一來就不需要像一般人所說的，要想那麼多。

這樣明智的人會如何看待婚前同居多年的情形呢？

我們的權力鬥爭、記憶、掩蓋和顯露自我的方式，似乎要到即將進入合法的婚姻時才會顯現出來。這並不是說現代男女在選擇的時候草率又隨便。人們想要「從此過著幸福快樂的日子」的想望是眞誠而實在的，只不過所謂的自由選擇並不等同於較好的選擇。

不過，我並不羨慕其他文化擇偶和繁衍的方式，至少不常。我珍惜我所有的、能照自己方式結婚的自由，還有可以給小孩犯錯的自由，讓她們去找到自己的路。我只衷心希望那會比較自在、路會比較確定、坡會比較不陡。我只希望自由不是一隻敵友不分，胡亂咬人的蛇。

婚姻中的愛和自由選擇在一六〇〇年代早期開始散播開來。班傑明・富蘭克林一七四三年時就清楚說到，他所要表達的觀念並非革命性的，它只是還沒有被普遍接受。他說：

> 如果父母親的權威抵觸我們本性中的理性、善良、或道德喜樂，那麼，是絕不能用來束縛小孩的，因爲那會讓人不幸福。沒有心靈的結合、沒有情愛的共鳴、沒有相互的尊重和友誼的婚姻，就是和理性及善良相牴觸……。因此，沒有任何父母可以用權威將小孩束縛在不幸的婚姻裡。

如果只是父母的不當選擇會使婚姻不幸福，其他就很簡單了。

富蘭克林寫這段話的時後，美國正準備脫離母國，追求精神的獨立，而他所提倡的選擇及崇拜的個人自由、選擇如何及在哪裡生活的個人自由，在這個開放的新社會受到高度尊重。他絕對想像不到，這些立意崇高、充滿道德意味的詞句，在二十一世紀的人聽起來，語氣若不是有點反諷，就是空洞。

因爲我們自己就會使自己不幸福了，根本不需要父母插手。選擇的自由將我們釋放到茫然的當代人群中。我們可能會尋找與我們的身體產生感應的人，相信他有與我們相似的心靈，也會珍惜我們的心靈，但是最後的選擇究竟是對是錯？賭注很大。我們可能想要一個和自己的父母最不像的人，一個不喝酒的男人、受的教育比自己的老爹高、可以給我們通往更高生活水準的護照的人——事實上這就是艾瑪•包法利所欲追求但是沒有獲得的。但我們想要的可能不是我們需要的。或者我們所需要的不是我們想要的。一旦外在美失去光彩，我們選到的是不是潑婦一個，還是脆弱的小妹妹，是沒有魄力的男人，是讓伴侶陷入心靈黑暗境地，無法親近和倚賴的丈夫或妻子？如果像週遭許多人一樣選錯了，離開這個男人或女人的後果會是什麼？會孤單一輩子嗎？

現在，如果我可以爲女兒選擇伴侶，我會從一大堆朋友、同事、鄰居的兒子中來挑選。傳統的做法就是這樣。全家一起度假有多好！我們必然會欣賞這個年輕人所抱持的政治信念和宗教信仰，因爲我們也對之熟稔。他也會有我們對於所有事情的態度，從對市長候選人的看法到穿著打扮的訓練。他跟我們一樣，會像他的父母一樣喜歡到海邊度假。他有抱負也有理智，因爲我們會先過濾掉那些死腦筋、吸大麻、或者爭取動物權的激進人士。他也不會是過分愛冒險的人。我們會淘汰攀岩登山者、高空彈跳愛好者以及短線操作的投機分子。我們會淘汰只對他銀行帳戶數字多寡有興趣的年輕人。但是我們也會淘汰自以爲可以靠寫詩、在地下鐵販賣維生的年輕人。我們會接受畫家，但不會奢望他的信託基金是充足的。我們會淘汰有破產紀錄的人、患慢性皮膚疾病的人、有閉室恐懼症的人、不識字的人（包括只看運動版的人），還有那些受過驚嚇以及因爲躁鬱症狀而待過精神病院的人。還有其他林林總總的病，包括後來很有可能再出現，但是不可能事先知道會發生的疾病。我承認，如果他的母親曾經自殺過，或待過羅馬尼亞的孤兒院，我會擔心這個兒子有問題。我不要自己女兒的丈夫有過這種受剝奪或悲傷的童年，那可得花上他們五十年的時間才能重獲樂觀的心態並找到立足點。

啊，然後我又會想選一個有能力改善我們做事方式的年輕人。我會希望這對年輕伴侶的小孩可以免於那些影響了我們家庭的拉力和限制的牽絆。我想要進步。我希望孫輩比歷來創造的各個世代都更快樂、更健康。我希望他們有明確的身分認同，希望他們勇敢，沒有造成惡夢連連的焦慮。我希望他們在我們退縮的地方勇往直前，並在他們的生活中納入我們的眼界所不能及的傳統、文化、和冒險經歷。如果我可以找到這樣的年輕人，我會馬上安排讓他們結婚。

但是怎樣使我的女兒愛我為她選的人，像戀愛一樣的愛他？摩擦和衝突必然存在。在愛及自由選擇的想法提出後，如何再把它回收？浪漫愛情是如此有力的概念，不管其自我證明的方法是如何愚蠢笨拙，它依然有力，無法被逆轉。所以，到底要怎樣讓我的女兒接受我的人選？沒辦法。與其讓女兒接受我的人選，我會慈藹地接受她們看中的人，如果她們眞的有看中誰的話。

在相親結婚的文化中，雙方如果幸運的話，他們會變成朋友及伴侶，而愛情可能會隨著每天生活的接觸而漸漸滋長。當然啦，人很難不愛一個和你同床共枕、接觸你的身體、是你小孩的父親或母親的人。客觀狀況要求你們親密。媒妁之言的婚姻最後結果可能像自由選擇的婚姻一樣，有好有壞，端看雙方的性格，以及生活帶來的好運或壞運。

我怎能輕易排斥浪漫愛情的想法？在西方歷史上，戀愛的觀念點燃了許多世紀的熱情。是這把火點燃了最偉大的故事情節，從《羅密歐與茱麗葉》（*Romeo and Juliet*）到《傲慢與偏見》（*Pride and Prejudice*）、《大鼻子情聖》（*Cyrano de Bergerac*）到《魂斷威尼斯》（*Death in Venice*）。每個人讀到文字、看電影或欣賞歌劇，看到不幸的戀人排除萬難要在一起的情節，不論是喜劇還是悲劇，幾乎無不深受感動。娛樂版上的八卦緋聞告訴我們，電影明星老是不斷在戀愛或失戀，那已經變成明星光芒和魅力的一部分。從十四世紀向城堡中的美麗女子求愛的吟遊詩人，到提獻給歌手女友的搖滾歌曲，或是派西・克萊恩（Patsy Kline）和那些老是談論被拋棄的鄉村歌曲，我們的文化長久以來就肯定，親密以及非常私人的愛情是正當而且重要的。愛情爲人類製造無止境的麻煩和痛苦，但是也激發人們說出最美的詩句、做出最英勇的事情。哪有人哭濕枕被只爲盼望愛情遠離？

只有現實的人會。每個人都會對愛這個字有反應。我們承認它。我們都曾有過。當我告訴摯友我戀愛了，我並不需要多做解釋。那感覺超越普通語言，只有最好的詩人可以處理，而即使是他們，在描繪愛情的時候也可能一敗塗地。但我們依舊認爲自己了解愛是什麼，其實我們並不了解。愛是一個能夠隱藏所有不幸的字眼。愛是女人對於虐待她的男人的感覺。她總是愛著他，只要他對她笑，她就心滿意足。這是帶著自虐色彩的愛。表面上看起來很甜蜜，底下却是瘀青連連。當我女兒要和某個男友分手的時候，我總是聽到她說她有多愛對方。她們好像不知道，對方其實讓她們感到憤怒、厭煩和乏味，而自己已經被對方或造成他們分開的事物所羞辱。她們只知道自己心碎了，但却還是愛著他的。

我和第一任丈夫分開後的幾個月，我對自己對他的愛感到噁心，要過了好幾年之後，我聽到他的名字時，內心才不會掀起陣陣情緒的波動，那種情緒波動當然是五味雜陳，摧折我的心神思緒。愛是當我們迫切需要、沒有對方的支持就無法站穩時的那種感覺。愛可能是對於原本想控制、羞辱、打敗的某個人漸漸產生依賴時的那種感覺。愛是如此容易轉化爲迷戀、急迫的需求，以及急需看到某個人的執念。當這種情形發生的時候，心之所嚮的眞實對象便不是重點了，我們反而會陷入某種原始的戲劇（母親會回來嗎？爹爹會挑選我而不是姊姊嗎？）。如果這個人愛我，我就可能避免死亡，吸收他或她的青春，得到我所欠缺而對方擁有的特質。迷戀的手很適合帶上愛情的手套。這和婚姻的目的沒什麼關係，反而證明媒妁介紹的婚姻比較安全，因爲迷戀的成分會被排除，人可以站在實際的基礎上選擇伴侶。

我們常常不知道，自己的愛意情緒背後是什麼，但是情人節（都是玫瑰巧克力）經常就會像貼在發作傷口上的繃帶。愛也許和恨糾纏不清。當愛變成迷戀時，這強烈情感中一定會有狂怒的成分。愛是危險的，因爲它引誘我們接近，但是却會懷著傷害的惡意使我們受傷。

戀愛的時候，我們會變得依賴自己的愛。一旦我們驚訝發現，所愛的人並不是我們期待的樣子，我們就會被激怒而做出不當之舉。

我們都想愛。聽起來眞好。這裡有福樓拜所寫的包法利夫人，嫁給查理醫師幾個月之後就了無愛意。「結婚之前她以爲自己戀愛了。但是應該隨著這愛而產生的快樂並未出現：她必定是欺騙了自己，她想。艾瑪努力想知道，『快樂』、『熱情』還有『興奮』，在生活中究竟是什麼意思——這些字眼以前在書上讀起來都好美。」艾瑪追逐熱情，就像有些男人追逐金錢一樣，她發現自己以腦袋操縱了情緒，而這却使她走向失望，還負債累累。就像人無法抓住光線放到煎鍋上一樣，艾瑪也無法緊握她所追求的情感強度。在艾瑪偏隘的想法中，愛情的觀念隱藏了她自己的自私，以及欠缺愛的能力。她用偉大的計劃掩蓋了她的缺乏溫柔，以及隨時準備背叛的意願，甚至是背叛自己的小孩。可悲之處並不是在於她選擇填補空虛心靈的男人令人失望，而是在於她城府太深、心胸太狹，她難以走出去。

但我們無法驅逐浪漫愛情，一如無法驅逐我們文化中的毒品、酒精或限制級電影。這是一種心靈的鴉片，連政府也沒法干涉的。能做的就只有承認愛情是九頭蛇怪，靠近時要十分小心。偏偏當愛情來到，這叮嚀就會變成耳邊風了。今天的美國，自由戀愛主宰著情事，也被認爲是唯一正當的結婚理由，在這裡大家以簡單的語言談論愛情，却承受它造成的所有災難和隱藏的意義，幸福老是被它破壞。

現在全世界都認識了布莉姬特・瓊斯（Bridget Jones）——那是海倫・費丁（Helen Fielding）所寫的英國暢銷小說《BJ單身日記》（*Bridget Jones's Diary*）的女主角。母親幫她挑了一個男人，是個傑出的律師，來自她家的世交，事實上他還看過她在他們家草坪上裸奔。她跼促不安不肯就範，最後却發現媽媽是對的，媽媽所選的這個人正是適合她、會使她幸福快樂的伴侶。這則現代童話的教訓，就像布莉姬特在皆大歡喜的結局中所說的，應該是「要聽媽媽的話。」

我眞喜歡這個主意。《BJ單身日記》可能是本很棒的書，應該成爲經典，有點像是現代的《伊里亞特》。（譯註：*Iliad*，希臘史詩，敘述特洛伊戰爭最後一年的故事。）

X

性、性、性

男人只要性不要愛？

好事多磨

適婚年齡在一九五〇年代明顯偏低，之後便因爲女性受教育的潮流及社會機會的提高而開始攀升，這早已不是秘密。在美國受過教育的人當中，結婚年齡已推高到三十多歲。這數字是平均值，因此我們可以約略推算出，早已進入成年期的未婚人士是以百萬計的。仔細聽，就可以聽到集體的生物時鐘不祥的滴答聲響，一分一秒流逝。全國都瀰漫著在廣泛而痛苦的焦慮中，女人往終點線衝刺，到那時候又因爲分手、希望落空而身心俱乏，因爲毫不完美的經驗而終於開竅（如果不是變得更聰明的話）。今天，我們不會在多數新娘身上看到天眞無邪這項特質。

擁有家庭的渴望、被一個男人所愛與愛男人的渴望、與一個心靈分享生命的渴望，並沒有隨著「伍茲和哈麗葉」（Ozzie and Harriet）「讓畢佛決定吧」（Leave It to Beaver）「布蘭蒂和戴伍得」（Blondie and Dagwood）（譯註：皆爲牽動無數美國中產階級家庭的演出）以及其他類似故事的消失而消失。只不過這樣的目標好像愈來愈難達成了。好吧，如果你錯過了大學的求偶季節，那麼在二十歲出頭的時候還有機會，如果你在二十多歲的年紀裡犯了一次錯誤或一連串的錯誤，也總是還有機會，因爲不是所有男人都死會了，別人的錯誤說不定正是最深得你心的對象。但是選擇範圍的確變窄了。男人中的同志比女人多。更多的男人不受限於生理時間，撫養小孩可能不在他們想要立即實行的事項中，這些人對婚姻抱持保留態度，不想給予承諾，腳踏好幾隻船。愈來愈多離婚父母的小孩以偏頗的眼光看待婚姻生活，隨時準備逃離。社會給了男人不公平的優勢，為他們敞開大門，更年輕的女孩成群供他們選擇，殘忍地一舉增加男人的籌碼，縮小女人的選擇。男人永遠可以選擇更年輕的女人，這是傳統負面的殘餘，舊時男人握有眞實的權力，而女人手中只有一副短命的美人牌。男性的優勢源自於吾人的生物性，讓男人終生都有作父親的機會，因此再老的男人也可以擁有具生育力的女性，享有她的肉體所能提供的所有愉悅。她的成熟伴隨生育的可能，增加了吸引力，激發對方和自己的賀爾蒙，在空中歡愉共舞。這不公平，但事實就是如此。

在女性雜誌中，編輯為了銷售考量，會不斷打出這樣的題材：你只要去巴哈馬度假，或改變頭髮的顏色，或者減掉那最後十磅贅肉，一切都會變好。瘦身只是在逃避，但是布里姬特・瓊斯就相信這一套。事實是，一旦年過三十，女人就會擔心，她的擔心是很有道理的。一旦她顯露自己的憂慮，別人一定會避之唯恐不及。有什麼比迫不及待獵物的女人更沒吸引力的？也許只有床上的死老鼠吧？可是如果她把頭埋在沙堆裡，不採取任何尋偶行動，那麼在她以爲最重要的人生戰場上，她可能永遠是個輸家。

我們以前都認爲，男人會覺得被婚姻所套牢，他們的性衝動會像失控的叢林火災一樣肆虐。五〇年代的笑話都是關於女人想把男人綁住，而男人低訴著失去的自由。不然要如何解釋婚前的狂歡單身派對，還有裸體女孩從蛋糕中跳出來？但那是父權制度下的餘波，如今已不再，至少不是以同樣的方式或同樣的權力控制我們的生活。現在我們知道性衝動是兩性皆同，不管是男、是女，或那些介於兩者之間的人。在全國各地，女孩婚前的單身派對最後一定有性玩具上場。我們知道男性和女性一樣熱切渴望伴侶，而孤獨的男人就像孤獨的女人一樣讓人看了感傷。

沒有人會否認，運氣在求偶的儀式中扮演重要角色。眞命天子可能正好住在她的公寓隔壁，他們可能會在電梯相遇，十一個月以後結婚。眞命天女可能正好是你最好的朋友的姊妹，她在馬來西亞設計了一座旅館回來之後和你吃了頓飯，接下來的故事就是要說給小孩聽的了。

但對大部分人而言，運氣是製造出來的，而壞運氣則來自自己的錯誤判斷及性格，而這判斷和個性包含我們過往的所有部分。對大部分人而言，對的男人是我們實際見過也有能力去愛的男人。我們可以調整自己的稜角去適應他的稜角。對大部分人而言，對的男人不只是剛好碰上的人，而是在我們準備好的時候剛好碰上的人。準備好，意思是我們已經不再傷害自己，或某些無可名狀的罪惡感業已紓解。準備好，不是運氣好或好命。準備好是得自生命經驗。準備好，是從幼年的悲慘記憶解脫之後所獲賜的禮物：這可眞是世上罕有的東西。

所以，人們在二十多歲時所犯的錯誤，並不是隨便犯的，不是像我們希望的是不小心的。有人總是會被不管做什麼都失敗的男人所吸引。有人老是會和無法愛或不願愛的男人搞在一起。還有人死命黏著接近她們的人，嚇得男人一溜煙跑走了。有人非常害怕受傷，從來不讓人接近到足以點燃火花、迸發火焰的地步。我們破壞自己的方式簡直罄竹難書，而這樣的問題是機會平等的。男人可能會一再發現自己找到的女人似乎都很需要保護，而當她在生活的壓力下威脅要自溺時，會使得他的精力一點一滴透支。男人也可能發現自己被不願意愛或不信任任何人的女人所拒絕。男人求愛的過程一樣是在冒險，他們也會犯錯，錯誤會削弱他們的信心，耗費時間，使他們懷疑到底會不會有對的人出現。

男人求愛時習慣祭出各種附加花樣，現在，這些條件在開放的市場已經失去價值了。既然女人也在賺錢，有自己的事業，這些條件已經不像以前那麼有吸引力了。男人會煮飯，或宣稱他願意幫小孩換尿布是必要的，但如果對於他想贏得歡心的異性，這並不必然會增加他的吸引力。男人怎樣才叫性感，女人怎樣才叫性感，我們全都搞混了，也不清楚那和我們亟欲除之而後快的舊有性別角色有何關係，因此如何展現吸引力這件工作變得很複雜。堪稱眞正勇士的男人可能會想要一個崇拜他、會照顧家庭的女人，但如果這位女子也是鬥士呢？在我們這個競爭的社會，男人應該是個好的競爭者，但如果女人也是競爭者呢？他們要怎樣避免彼此競爭？這對潛在的伴侶究竟是彼此激勵還是互相打擊？如果男人的配偶賺錢賺得比他多，他會怎麼樣？一個成功的女人應該受眾人矚目還是要留一手？這眞是一團亂，使得約會、談戀愛、信任和結婚這些事比十七世紀早期自由戀愛剛出現的時候還複雜得多。

在性革命的狂野年代中，好像男女都不一定需要終身伴侶。傳統婚姻的那一套似乎全都過時而不上道，甚至會危害你的心理健康。這類言論甚囂塵上，卻不是多數實際的人所相信或採行的。單身，雖然得免於妥協、不受煩擾、也沒有經濟和情感的責任，卻顯然不是一個完全舒適自在的狀態。可能是我們需要伴侶，才會感覺安全、可靠和穩定。可能是出於某種夢幻的渴望而尋找著愛情，夢想可以被人抱在懷裡，從此過著幸福快樂的日子。

婚姻的確可能使人痛苦，不好的婚姻就像每天都被煎熬，但是缺乏婚姻，缺乏撫養小孩的機會，也讓人難過。失去親密關係的想法如鬼魅隨行，當四十歲就快來臨，你看到未來的盼望在消失，想到自己從此以後要不是只得靠著自己的肩膀哭泣，要不還得物色一個，恐怕就很難開懷大笑了。海倫・費丁的《BJ單身日記》裡一個年過三十的女人這樣說，「當女人從二十歲滑向三十歲——權力平衡便微妙轉移。即使最招搖的輕佻女子內心也會開始發慌，和第一次出現的存在焦慮痛楚對抗著：害怕獨自死去，三個禮拜之後才被人發現讓一條阿爾薩斯狼狗給吃掉一半了。」

《BJ單身日記》和「慾望城市」以及「艾莉的異想世界」這類影集的風行告訴我們，渴望獲得伴侶的三十多歲單身女性，刺中了當今文化痛苦的中心，就像小流浪漢吃自己的鞋子（譯註：卓別林電影當中的場景），看起來很好笑，但是笑話出現時的艱困時代本身卻不是笑話。卓別林在生產線上被推來拉去，像是被非人的、最時興的工業技術所粗暴對待的物品一樣，多數人覺得他的不幸遭遇很有趣，就像今天我們看著凱莉、艾莉，或BJ的故事，我們享受著宛如尋找聖杯的眞愛追求過程，看到難以避免的失望一再出現。好的喜劇總是以悲劇的現實爲基礎。

但是男人也希望找到愛情或浪漫，想找一個伴，想當父親，不管他是要像自己的父親，還是絕對不要像自己的父親。男性動物有同樣的繁殖衝動，強過同物種的女性。他也希望在離開這個世界的時候能留下後代，變成父親或祖父。基本上，男人不喜歡吃外帶的食物，和沒有情感的身體玩遊戲，或不斷在酒吧、派對，或盲目約會中尋找露水姻緣，不是所有的男人都如此，但也不是所有的女人皆然。要是找不到適合的人，男人和女人一樣會絕望。他也會寂寞，和已婚的朋友聚會時會感覺被排除在外。他也有一些戰鬥的故事想說，他的生物時鐘可能會快樂的鳴叫而不是發出不祥的滴答聲，但他也了解，他錯失了一些東西，一些他似乎無法找到的東西。

想想看從菲律賓或俄羅斯郵購的新娘，在今天這個世界，連她們都會將自己列在目錄上，然後像數以磅計的鯡魚，成打地從一個洲運到另一洲。不是因為男人沒有目錄就找不到性，他們可以的，在妓院、在酒吧，觸目所及滿是失去支柱的女人、狂野的女人、受傷的女人、以及逃家的女孩。現在還要再加上正在尋找伴侶，或物色一段快樂時光的離婚女性或單身女性，以及渴望婚外情的已婚婦女。性革命之後的男人不需要為了性而郵購新娘。郵購新娘的交易持續存在，是因為男人似乎找不到本地女人嫁給他們，和他們生小孩、生病的時候給他扶持、並在黑夜裡在他耳邊低語。

在這樣一個許多女人找不到男人可以嫁的世界，是什麼樣的男人找不到要嫁他們的女人？沒有任何統計，沒有任何調查，可以提供我們統計資料，指出可能是如何奇怪、特異、讓人無法接受、要求過高、性習慣駭人、給人留下蒼白印象的男人。我們在大學都學過，就是有些人會在正常的社交圈之外的。每個班級中，所有的小孩都知道誰是輸家、誰是呆子、誰是局外人。這些男孩或女孩有點怪怪的、很畏縮，和人交往的時候比較笨拙，或是太害羞、太緊張。也有一些人身體不正常，使他們看起來像是應該被野獸給吃掉的陌生人。口吃的人，太矮或太高的人，聽不懂笑話或閒扯時跟不上的人。陷在自己幻想中的人，還有眼裡已經沒有生氣的人。他們最後可能會找到適合自己的工作，或在專業方面表現傑出，但是他們沒辦法穿過大廳邀請女孩子跳舞，也沒有人要和他們一起回家。

從郵購新娘經營的成功來判斷，有許多男人還是想結婚，想有小孩和家庭。爲什麼他們不應該竭盡己力來做到？

郵購而來的女人當然有經濟上的理由，爲了綠卡，或只是以爲美國的一切都會帶來天賜之福，永恆不變。她們無法或沒有跟她們原本社會中的人產生聯繫。也許是太有野心了，或太冷酷、太害羞、太貧窮，或身體或心靈有殘缺。也許她們只是太老了，不合街坊男人的口味，或者名聲毀了，越了獄等等。她們爲什麼不應該抓住機會，找一個可以提供比現在更好的生活的男人？至少在結婚文件上看起來好像可以。

看看人們多想結婚。既然沒有偉大的月下老人，也許我們可以在大學開一個系來傳授技巧，將它當心理系的學分來承認並頒發學位，提供領有執照的專業紅娘名冊供大家參考，一定會像牙醫或教士那樣受到街坊的歡迎。

今天，除了在全世界睡覺時對著電腦螢幕的藍光斜睨的戀童癖者，以及發誓獨身的教士之外，男人也會爲了跟女人一模一樣的理由期盼婚姻。混合著伴侶情誼的性愉悅、終生的友誼、父親的身分——許多人都覺得這是一種福佑，也是造福週遭世界的方式。所以，爲什麼現在許多人要找個伴侶是這麼難？

《BJ單身日記》的女主角告訴我們，許多男人患有她所形容的「情緒化幹招」。也就是說，他們喜歡性，但是對於發生在床以外的所有事情都沒有耐心，也沒有欲望。他們喜歡誘惑別人，但是沒興致談論責任、忠誠、父職或沿著湖畔慢慢散步，談論童年、學校、過去的傷口、他們喜歡的壞電影，對於坐飛機、蜘蛛或橋的恐懼，丟掉的飯碗、未學的語言、不再是朋友的朋友等等的。這些都不是誘惑過程的一部分，但對於相互瞭解，眞正的了解對方，是絕對必要的。

讓人不解的是，如果這是眞的，爲什麼這種嬰兒期男人的疫病會肆虐我們的城市。

是因爲女性破壞了長久存在的權力平衡，而發生的某種集體男性報復嗎？不讓一個眞實的女性牽他手的男人，更可能是因爲很久以前曾受到母親或父親的傷害，或曾經被一大群野蠻人欺負，而如今心已破碎，在沒有確定自己有退路之前，他不敢信任或愛別人。專心注意退路會限制男人向女人走去的程度。但這種男人究竟害怕什麼，他們到底發生什麼事？

也許這種「情緒化幹招」不是什麼新鮮事。在這新舊世紀交替之際，男人因爲他們可以就突然成群擺起無賴樣，這好像違背了常情。在這後女性主義及後性革命的世界裡，有所改變的是，男人可以不再虛僞做作，不會在結婚之後又不斷地欺騙而使女人痛苦不堪。不適合的男孩數量眞的減少了嗎？還是只因爲他們走出了藏身之處，來到陽光下嬉戲？

在最近一場婦運發生之前，男性優越感和支配地位一直被視爲理所當然，男性特質經由對於女性的性佔有而得到證明。但現在性行爲不再是男性支配的保證。再說，男性特質本身也難以界定，我們可能會看到愈來愈多的男人，他們的男性特質充滿孩子氣，只熱切要求立即的滿足。這些人並不確定自己的男性身分，若有人向他們提出眞實的要求，就很容易動搖。也許不去愛人和不承諾，是某些男人確保其男性特質的方式，他們讓自己在無止境的誘惑遊戲裡自由玩樂，而其男性特質（媽，你看，不必你照顧，我也做得到）便可以在遊戲中一再得到證明。有些在社會中放蕩的男人，也是一種在公共場所暴露陰莖以確定其存在的暴露狂。常識告訴我們，這種男人的數量事實上沒有增加，只是軍隊和教士職位不再吸收那麼多人。「情緒化幹招」這種症狀，我們無法實際計數，但這是要多賦予同情而不是檢禁的症狀。這種男孩般的男人很可悲，應該強迫他們掛狗牌比較好認，如此女人才不會浪費寶貴的時間和他們在一起。

但是也有這樣的女人，她們逃避男人，因爲男人有主宰別人的傾向，因爲男人讓她們想起所有跟爸爸或繼父有關的不好的經驗，諸如此類的，或因爲感情的營養不良而心如死水，不管在任何情況下都無法復原。不只是男人會對自己的男性特質不確定，也有女人不確定自己的女性特質，她們不確定是不是眞的想要男人來玩弄自己的腦袋或測試自己的情緒力量。以前的時代有修女、老處女或未嫁的姑婆，現在我們重新給她們上標籤，她們是職業婦女、專業女性、獨立的心靈，不太會澆花更別說做香蕉泥給小孩吃。這些是現代的老處女，她們口口聲聲說想結婚但不是認眞的，或者說她們不想結婚但其實很想。指出這種女人的存在會有政治不正確之嫌，但是她們也自有一種「情緒化幹招」，對於整體社群的不快樂也出了力。

有些超過三十歲猶未有固定伴侶的男人，也許是情感白痴，但更可能其中許多人也感到寂寞，厭煩了每天在一個陌生人的身邊醒過來，厭煩了看起來有希望但却莫名其妙轉過肩膀便斷然結束的愛情關係。最可能的是，他們已厭倦每次向新的人表露自己，說著同樣的故事，小時後怎樣在班級旅行的時候迷了路，母親對他做過什麼或沒做什麼。我們幾乎可以確定，男人也擔心和結婚絕緣、永遠單身，然後被指指點點。「怎樣，他是不是同性戀？還是只是情感無能？」男人也害怕孤獨死去，當醫生宣佈壞消息的時候，沒有人握著他的手。雖然有些男人不適合婚姻，對他們來說忠誠是一個需要越過或繞過的障礙，但是我們的兒子或兄弟那一代的男人，大部分都懷著同樣的需求和恐懼、盼望和希冀，使得女人願意接受與他們的下一次約會，以及下下次的約會。

在現代社會中看到三十好幾的男女，他們一再猶豫、拒絕和對方產生約束關係。這種承諾的問題，部分是因爲看到父母親那一代的不幸婚姻。離婚父母的子女沒有那種「從此以後過著幸福快樂的日子」的幻覺可以依賴。但是如果害怕重蹈覆轍，如此沒有自信、不認爲自己可以做的更好，那麼他們是離婚受害者的第二代，情感貧瘠而狹窄。離婚父母的子女會害怕結婚，是可以理解的。而另外的作法則是不斷追求他們認爲沒有破裂之虞、完美、而且附有保證的情感關係。由於沒有任何保證、沒有任何關係可以保證持久或完美無缺直到最後，於是這些追求者從此以後都只貼窗而望，望著窗內的人，害怕開啓那扇門。不願承諾的男人，留戀於城市酒吧好像懸在屋椽上的蝙蝠，偶而飛下來聽聽女人的尖叫，這樣的男人眞是多得可憐，他們害怕失敗，於是不願加入遊戲。

如果父母的婚姻失敗，如果再婚使得子女痛苦，如果老一輩的生活揉合著煎熬、憤怒及經濟難題，孩子很有理由會猶豫，要不要跳入同樣的池水中，那裡面的鯊魚還曾經咬掉父親母親的肢體。但如果待在外頭，就無法體驗另一人來相伴的感覺，他們就在那裡、在自己身邊，是一生的伴侶。

親愛的，你繞了好大一圈

在我約會的年齡那時，一個男孩來到家門口，送我一朵花讓我別在洋裝上，然後邀我去看電影，在指定的時間送我回家。我會看自己的意願，吻他或不吻他。我會讓他的手在我身上遊走。如果太過分我會咬他的舌頭，我不希望變成那些在衣物間被談論的女孩。我知道賭注很高，我可能會愛上的某個人可能會拒絕我，只因爲我在幾年前的某個星期六晚上允許某人做了什麼事，但其實自己沒有那個意思。現在，我自己十幾歲的女兒在週末晚上成群結伴出門，像一群流浪的賣藝人，到派對不是去約會，而是胡搞。我知道是胡搞。男孩沒有來到門口，給人看見他的臉，只有偶而，我會發現有一個睡在沙發上，或不小心聽到哪一個在半夜打電話給他媽媽。

女兒和穿著吊帶褲笨拙靦腆男孩開始她們的性生活。她們愛得很嚴肅，好像全心全意，有時候好，有時候不好。她們用身體來冒險，在半夜搭地鐵。如果表面上要她們守規矩，結果她們却背著我們轉個街角到另外一個人的家裡，這命令就無效了。性和愛都來得很早。友誼炙熱，在另一個房間講電話，話筒中意味深長的低語燃燒著。我不會說她們是甜蜜純潔的女孩。我不會說她們這樣不平常。她們比我在那個年齡知道的多得多。她們懂得避孕，知道性傳播的疾病，也知道忠誠和背叛。但是目的何在，有何益處？

在大學時，偉大的愛情結束，新的愛情開始。她們住在學校宿舍，室友一個換一個，內衣散在枕頭上，浴室裡有男人，昨晚派對杯盤狼藉，啤酒瓶、煙蒂、麵包捲散了滿地。她們有時候會難過，有時候不會。

女兒的少女時光，期盼之後很快就有了經驗。玩具熊還端坐在床上，男孩就跳進她們的被窩了。愛與保持忠誠的能力同時和幾何學技巧受到考驗，避孕丸或保險套跟運動襪放在同一個背包裡面。或許這使得這個世代在進入婚姻和成年的時候會更聰明、更了解世事。但也許會使她們害怕、謹慎或漠然、隨便，對於新的經驗不是關閉大門就是敞得太過。過去的世界很可怕，年輕女子認爲她們得在二十二歲沒有任何性經驗的時候結婚，不然一切都完了。但現在會比較好嗎，或者只是以另外一套社會習俗的專制來取代以前那一套？

貞操是很容易放下的負擔。失去了不會有任何後果。這是一種進步。但另一方面，我在我小孩十幾歲的年齡裡却看不到太多的歡喜，或是對身體的自在、對命運的信心。如果她們變得像薩摩亞土著，頭上帶著花快樂地在求偶儀式中舞蹈，我會很高興。但情形却令人憂心連連，擔心的事更無法辨識、更滲透生活，也依然會毒害人的幸福。

我想到我那虔誠相信貞操的母親，她非常替我擔心，而我懷疑那種方式會不會比較輕鬆。如果今天的女人早婚，在還沒有過二十二歲生日之前就嫁人，只認識自己的丈夫，不像我女兒，有很長一段時間去試驗、找出自己究竟是怎樣的人，到底喜歡什麼，這樣會不會使她們免除掉不時的心碎、關係結束時的可怕眼淚、自尊心的受傷以及性格的試煉等等這些我女兒經歷過的事？對於自己和另一半沒有太多認識就結婚，這樣會不會簡單一點？還是會比較糟？還是不管我們如何安排求偶的模式，都一樣艱難？

十幾歲青少年的性知識，像瓶中物，一旦倒出來就沒辦法塞回去。美國有些地方教導禁慾以進行生育控制，爲重生的處女舉行儀式。除了宗教保守分子的小部份孤立地區以外，這種想法就像用馬和馬車來取代汽車一樣不普遍。保守主義主導的地方，與性相關的資訊會被稀釋，高中畢業的十幾歲女孩懷孕，滿懷羞愧感，婚姻也不會比在世界其他地方更快樂。十幾歲青少年的賀爾蒙就是這樣，而他們都可以在電影或網站上看到有性暗示的素材，也是事實，要說光做白日夢就能滿足需求，眞是門兒都沒有。愛情隨著性活動而來，不幸則隨著愛情而來，就是這樣。

社會保守主義者說得也對。畢竟艾莉可以贏得又失去多少男朋友，而不會發瘋？顯然她已經超過那個數目了。堪黛絲•布希聶爾（譯註：Candace Bushnell，「慾望城市」影集的原作者）在「慾望城市」中塑造了一群鮮明而不堪的三十多歲女人形象，她們只關心衣服和金錢、找到對的男人，又害怕婚姻無趣，還有她們不愛或不希望照顧的小孩。她的書中塞滿商品名牌和價格。我們看到一群女人，她們的不幸掩飾得很好，她們的風格不是問題。但也看到一種鬱鬱不樂的女人，有點像沙林傑（譯註：J. D. Salinger，以轟動五〇年代的叛逆小說《麥田捕手》成名）在他的短篇〈康乃迪克州的威格利叔叔〉(Uncle Wiggily in Connecticut) 中所描繪的一個婚姻不美滿的酗酒女人，或桃樂斯・派克（譯註：Dorothy Parker，美國批評家、諷刺詩人、短篇小說家）的〈金髮豪女〉(Big Blonde) 中一個愛情婚姻都失敗的女人。如果我相信生命必須是這樣，像堪黛絲・布希聶爾的劇情，像桃樂斯・派克的短篇，像安・琵雅提（譯註：Ann Beattie，美國當代小說家，作品多描寫美國六〇年代世代的經歷）一樣充滿道德迷惘和混亂，像菲利普・羅斯（譯註：Philip Roth，美國小說家，擅長性的描寫）任何一本小說中的性關係那樣痛苦而殘酷，我會逃到阿拉斯加最北的小村，爲即將步出冰原的獵人開設最後的商棧。

大部分的人都沒有因爲失敗的可能性而放棄浪漫愛情和幸福婚姻的追求。但在選擇的片刻，我們需要下的決定被延遲到生命中的下一個十年。這樣的延遲給我們成長、成熟、測試眞實慾望以及犯第一個錯誤並從中學習的時間。這很好。但同時，長久的求愛過程可能涉及一再改變伴侶，威脅到女性的生育力，讓人感到疲乏、傷痕累累、難以爲繼。這是社會的改變，放棄可能會比較好，或至少該重新加以思考。

大學之後進入研究所，我的女兒們都各自開始和特定的男人同住，建立一個家，有碗碟、共同的家具和電燈。這些關係就像第一次結婚，可以這麼說，像我那一世代初次結婚一樣，需要同樣的用心、耐心和適應力。這類關係也會使人心碎，像其他關係一樣，分手的時候會留下遺憾悲傷，恐懼未來，當然也有罪惡感。即使數年之後，生命中的傷痕還是清晰可見。

許多年輕女子在二十多歲的時候和不適合的男人長時間共同生活，但沒有任何證據告訴我們，這樣的經驗會不會使她們以後的婚姻成功機會更大。城市中房租高，同居分攤房租的安排當然會比較好，但是對於年輕人，這方式結果也可能不好。分手是極痛苦的，幾乎和離婚一樣煎熬而傷神。書和家具都要區分開來。朋友要分兩邊。要尋找新的生活環境。自己或伴侶的失敗或失望感都會很深。年輕男女無法輕易從分手的深淵中復原。隨著分手而來的是憂鬱、看精神科醫師、吞一堆百憂解。的確，是沒有涉及金錢或財產的爭執。這種關係也不會有長久持續的後續效應，因爲大多數不涉及孩子的問題。但是在常見的分手之後，年輕人會比在和愛人同居之前更害怕自己的未來，更沒有自信，此種情形的確會發生。需要一段時間才會恢復，和新的伴侶重新建立關係。這些都不好玩。相對於以前的社交狀況似乎也沒有改進，以前，男女可以在父母視線所及的狀況下同居而不必害怕被批評。愛狄絲·華爾頓結婚時的無知狀態，造成後來的不幸。但是不再天眞也有其缺點，不幸的婚姻依然存在，我們需要繼續找尋原因。

如果婚前同居變得沒什麼大不了，倒還是個不錯的點子。有時候效果不錯，但有時候不見得。婚姻也許是你無法預演的事情。婚姻也許不像小說，是不需要打草稿的。結婚，也許就是一次信仰的跳躍，即使是在分攤了幾年的房租之後。如果平常共用衛浴變成社會禁忌，兩人眞正結婚後會不會處於不利？婚姻會不會就像和你所意屬的人一起裝入大桶，投入流向尼加拉瓜瀑布的水？還是即使過了幾年同居的家庭生活，之後還是那樣？尚無證據顯示先同居後再結婚，婚姻就會比直接結婚的人穩固。毫無疑問，單身時堅持分開居住，可能會讓人免於經歷關係分裂後的痛苦，然後回到過去的年代，根據自己的生物性以及與另一個人結合的迫切需求，和理性選擇的人結婚。

說這話不是出於某種性的清教徒主義，把婚姻當作兩性可以找到性愛歡愉的唯一所在。早年對於婚前性行爲的種種態度，都是奠基於性活動爲罪惡的假設之上。但當兩個彼此同意且有避孕準備的成人，不理會電視螢幕的誘惑而享受晚間的其他可能性時，何罪之有？當賀爾蒙衝上腦子，情緒開始亢奮時，我可不喜歡壓抑。但是沒錯，在暗裡四處摸索探觸可能會變得太過。當然會有衝得太過、身體分享太過的事情。一小片巧克力蛋糕很可口。一整盤蛋糕就有可能讓你腹痛一輩子。當然，如果性活動隨便、冷淡無情，也可能使得精神頹喪，內心愈來愈孤獨，這是虛幻而不眞實的關係所自動引起的感覺。當然，如果我們是像菲利普・羅斯一樣的小說家，那一切肉慾的放縱可能帶來更多版稅和文學獎，但是凡人一如我們，可能只會打擊到自己。

XI

給也許有一天會想結婚的女兒的一封信

暗示，非指示

所以，你不需要結婚才可以有小孩，當然也不需要結婚才可以有性經驗，不需要結婚才能在這個世界留下痕跡。那到底爲什麼有人會煩惱？爲什麼到了特定年紀，事業有成的男女還是會把婚姻列爲議題，婚姻充斥電視螢幕，喜劇總以婚姻收場？也許是因爲沒有人想出扶養小孩更好的方式。想想看：一對父母、一個屋頂、一個家庭。那種想法依然挑動我們，激發渴望的嘆息，人們儘管憤世嫉俗，這想法還是會觸動他們內心深處某個地方，帶動感傷之情。有點不好意思，但是我們的腦中還是烙印著流行卡片上的家庭形象，不可抹滅。就是這樣，我們希望自己的家庭如此，我們想過這樣的生活，和人建立關係，受到保護也保護別人。婚姻和家庭觀念本身就像埋在船艙底下的寶藏，沉在文化之海的深處。雖然受到女性主義的攻擊而且罪有應得，也經過性革命的高峰、試管受孕以及幼年家庭生活所留下的不是很快樂的景象，婚姻和家庭的觀念還是存活下來了。

事實上，沒有人找出育養下一代更好的方法。沒有人創造充分的替代品，以取代男人對妻子的愛及妻子對丈夫的愛，還有夫妻和子女之間深刻有力的連帶關係。基督教「家庭價值」的發言人可能會說這是上帝的希望或命令。他們在談論傳統角色的時候，就好像那是聖事。但是不需要上帝告訴我們應該要有家庭，或家庭之中應該要有怎樣的分工，大多數的人還是會渴望有眞正的家庭。多數人都希望自己的家人會比以前更好、更強壯、更有智慧。我們沒有意願恆久流浪在世上，無拘無束、狂野不馴。我們都是馴養的物種。我們想要家庭。所以我的女兒使我害怕顫抖的是，她們可能永遠不會有。

人們的婚姻沒有指導手冊，至少沒有那種排除故障用的手冊。即使知道成功的可能性很難說，還是結婚了。人們結婚，全心全意想加入婚姻幸福的族群，至少有些人如此。他們很確定，厄運、外遇、失聯、分手，只會發生在別人身上。我們結婚有一點像在面對自己的死亡。眞實埋伏著、籠罩著、陰影覆蓋，但絕不會阻止我們在池中歡愉嬉戲、在椰影後親吻、在微曦中划船。我們有辦法說服自己，致命的悲劇不會發生在我們身上，至少好一段時間不會。上天不會賜給我們那樣的禮物。

一般人所採信的傳統家庭價值是，如果婚姻是唯一可以有性的地方，如果女人婚前是處女、婚後只待在家裡，像聖經所指示的聽從丈夫的命令，如果人們將家庭置於吃喝嫖賭等一切外來誘惑之上，那麼，一切都會很順利。墮胎是不合法的，健康教育課程教導女人要守貞操，如此一來，一切都會很順利。正統派教徒的發言人想要把性革命和女性運動從我們的文化中掃除殆盡。

亞米許人（譯註：Amish，門諾教嚴謹派的一支，過著極為簡單、與世隔絕的生活，重視人性、家庭、社群，拒絕會破壞其社群價值的現代生活資源如電、汽車等）回到農村。極端正統教派猶太人要我們穿著像十三世紀波蘭傳統正式服裝。但只有在墳墓中時間才是靜止的，而許多殘害傳統家庭的不公平現象，涉及的是壞的價值而非好的價值。讓男人比女人擁有更多自由的雙重標準，是套在多數女性身上的枷鎖，她們是再也不會自願套上的。強迫的婚姻加上缺乏合法墮胎，會導致一生不幸。女性若非自願而生出小孩，她們是不能也不會想照顧小孩的。也沒有合法的途徑幫助女性墮胎，即使她是被強暴而懷孕的，這會讓女性因為拙劣的墮胎技術而死亡。這樣的家庭價值再也沒用了，因為它們不能使人更快樂、更強壯、更有智慧。這些價值以社會秩序之名行壓迫之實，以服從之名行使暴虐專制。男人可以從比他低下的階層找情婦，這在許多地方是很普遍的，而女人則應該無聊地待在家裡、棄之不用她在商業、醫學、法律、藝術方面的才華，這種事情是現代女性絕對不會接受的。大部分家庭不再能承擔傳統的分工，即使他們想要。

但這並不意味著我們沒有在摸索建立新家庭的方式，以更強的家庭價值和信仰支持我們度過歲月。會換尿片的新男人、可以受良好教育並根據所能發揮而成就自己的新女人——這兩人依然可以結合而擁有無法摧折的力量，在神恩厚臨、希望滿溢當中彼此承諾。

如果女兒告訴我，她打算和一位適當的追求者結婚，這個人她已認識夠久，而在交往過程中她已經看清眼前會有的陷阱和苦惱，若是這樣，我一定會樂昏頭。手中的杯子會打翻，喜悅從杯緣流洩。我會喜極而泣。我會不管理性或警告、失去清明的思考，連一點理性的懷疑都沒有的縱身和平的綠洲、希望的島嶼，那裡是現實的避難所，而母親和新娘會在那裡一起規劃一場婚禮。

沒有一個獨立自主的美國小孩會要父母親那一輩的忠告。但不管怎麼樣我還是會給。最糟糕的狀況就是她們聽不進去。我所知道的事情，不管好壞都是來自經驗，而我所知道的事情是她在蜜月期間應該要帶著，供在最高的地方，未來的年歲裡也都得放在腦海中的。至於這些明智的話實際下場如何，那是另外一回事了。

我知道人們自私的能耐是很龐大的，而有一些基本的憂慮：「沒有人愛，在世間孤獨一人，可怕的事情會發生在我身上」，這些憂慮在童年結束直到進入婚姻，都會一再出現，使我們很難信任別人，連開始考慮另一者的需求都很難。舊有的憤怒、恐懼、誤解，都會跳進婚姻之床。我們沒有有效的殺菌或消毒噴劑。於是所有使婚姻成功的理性規劃，都會因爲我們隨身攜帶的古怪靈魂而遭到毀滅。然而，我現在要寫這封信，因爲我的文字（除了我的珠寶以外）就是這個家的珍寶，我希望它們被放在安全的地方。

給也許有一天會想要結婚的女兒的一封信

我知道你不想聽我談這個題目，但這是我的書，你可不能阻止我。這是我給你的忠告。如果你不想，可以不要再讀下去。

婚姻之舞的基本舞步是，找到靠近另一個人但是保持獨立自我的方式。意思是，你不能和另一個人全然併合而沒有自己存在。同時也不能想怎樣就怎樣，只追隨你的星辰，只在宇宙中晃動你美麗的翅膀。

想想看，如果兩人黏得太緊而變成一體，那會讓人很不舒服。還有些伴侶，一人唱一人隨，兩人愈來愈像，有同樣的意見，做每件事都在一起。他們就像架子上的鴿子，拍著翅膀咕咕叫。但是遲早其中一隻可能會反叛，遠走高飛去找另一隻鴿子，遲早其中一隻會想去看看北極。也許兩個人會一輩子全心全意過日子，但心靈則因爲沒有運用而凋萎。如果兩個人變成一個人，每個人獨特部分的力量會消失。他們變得比較無法吸引伴侶的興趣，因爲誰能分辨哪隻是哪隻？事實上，二人徹底合而爲一會使他們覺得枯燥沉悶。他們失去過去曾經有過的光芒。爲什麼不同的氣質和熱情會相互吸引，而不是對婚姻的結合造成威脅？如果你的鏡子就是你的伴侶，有些東西就可能破裂。

當你覺得脆弱、不確定自己價值的時候，不要結婚。當另外一個人覺得脆弱、不確定他或她的價值的時候，也不要結婚。不要和與你競爭的人結婚。不要和不曾愛過別人的人結婚（這不包含十幾歲時的婚姻）。不要和沒有能力應付艱難工作的人結婚。小心那種過度擔心體重或一定要自己的肌肉尺寸有多大的人。不要和世界觀與你相衝突的人結婚。千萬不要爲了改變你的伴侶而結婚。如果他現在是個宗教狂，以後也會是。如果你覺得他所抱持的價值令你反感，別以爲他會因爲你的照耀而得到啓蒙。如果他是個精神受挫的人，想的太多，覺得老闆、街角的警察、政府代表等人都在迫害他，別以爲他睡在你的床上就會緩和下來，比較可能的是，你會整夜失眠。別想婚姻本身是一種性治療。不是的。如果他告訴你他有很長的同性戀經驗，但是和你在一起一切都會不一樣，你可以接受恭維，如果你需要的話。但是不要因此受到誘惑而和他結婚。你很棒，但不是那麼神。

我是不是把門檻架得太高？是不是毀滅了一切美好遠景？這只是開始而已。你有你自己的「不要」，因爲各種其他原因而出線的人。這個好像太溫柔了，這個似乎怪怪的，這個看起來笨笨的，那個又太冷漠。我知道你不需要我的天線代替你發送訊號。

我希望你找到的男人溫柔又強壯。我要他經歷過艱難歲月。我要他有抱負，並關心這世界上的其他人。我要他有能力賺錢維生。我也希望你這樣。我希望他喜歡小孩，也期望有自己的小孩。我希望他喜歡一些你所喜歡的電影，喜歡你所喜歡的一些音樂，如果他會接插頭會操作ＶＣＲ，那會是額外的好處。我願他會保護你，不讓野獸侵擾。當你獨自穿過黑暗森林受到威脅的時候，他會安慰你。我希望他聰明，但是聰明不等於善良，而光是聰明不表示一個人有精力或意願或優雅風度在世上生存。有些聰明的男人會憂鬱、發狂、無能，有些聰明的女人亦然。有些聰明的男人會不在乎他們做的事。如果是律師，就不喜歡法律；如果是醫師，就對行醫感到厭煩；如果是教授，就對學生不再有興趣；如果是商人，不再因爲生意談成而興奮；如果是詩人，就不再寫詩。避開這種人。他們的靈魂中有些重要的部分出了差錯。

我當然會很高興接受你選擇的人。但是我得承認我會希望你嫁給一個我們不是完全陌生的家庭的成員。我知道這不是一個很美國的想法。我知道這個大鎔爐正在爐上，沒有太多讓我或其他父母可以插手的地方。不過如果你和配偶所在乎的事情都是從小學來的，那你們相處起來會比較容易。如果他的父親和你的父親支持的是同一個總統候選人，不是很好嗎？如果你的信仰和他的信仰是一樣的，而所建立的家庭能夠在美國這個大熔爐社會中形成特別的認同身分，不是很好嗎？即使隔鄰的人家，到同樣的地方做禮拜、上同樣的學校，這樣的人之間也有許多尖銳而難調解的差異。依我之見，似乎不需要再加上對立的假期、對立的忠誠對象、對立的記憶等可能造成的緊張。

儘管忽略這些話吧，沒有關係。要求我所依附的團體也一定要是你的，並不眞的有什麼理性而具說服力的原因。但要是結果好巧不巧變成那樣，我是不會在意的，絕對不會喔。

我希望你不要跟音樂會裡尖叫不止、弔兒郎當的青少年似的男人結婚。我希望你知道，你必須以實際的方式處理婚姻，這樣你的婚姻成功機會會更大。

要妥協——準備妥協，特別是對於眞正重要的事情。今年度假要到海邊，因爲我知道你愛海。明年我們到山裡，因爲我對森林、松針及黑暗的湖泊懷有童年的記憶。

請不要太頑固或自私，或以爲你想要的就一定要有。學著在你的絕對堅持上退一步。接受他的朋友，那個讓你覺得無聊的人。接受他對保齡球的喜愛，你可能也會漸漸喜歡。但是要確定，不是總是你在讓步。當他傾向你的觀點時，你也要溫婉體貼。

另外，要獨立。選一門希臘文學的課，因爲你一直想要用原文讀《奧狄賽》，他會接受你每個星期二晚上出去。如果他的老朋友要單獨和他見面，別耍脾氣。獨立不是只有你可以獨享的。他也可以。要善加理解，想辦法面對並成長。

親密，這個字眼常常被濫用。你需要，没錯，但那到底是什麼？擁有親密關係的人並不用這個字，而那些在尋找親密關係的人可能永遠找不到。它可能是由每日的互動交往所構成的。讓他多談談他姑媽的事情，那是他很少談到的人。他和她一起度過的那個夏天發生過什麼事情？當他爲工作而憂心的時候，聽他說。你因工作而煩惱的時候，說給他聽。他覺得不舒服的時候，帶他最喜歡的口味的冰淇淋給他吃。你覺得不舒服的時候，儘管要求他早一點回家。這些都很明顯，也不需要特別的知識。將彼此拉近的電流，是能量所組成的——你的能量和他的能量，以善意、愛意及關懷導向彼此的能量。這不是一種技倆。不需要書本來告訴你。你不需要害怕他，就像他不需要害怕你一樣。你必須欣賞他，即使他不是完全值得讚美，他也必須如此對待你。交往包含著性，但不只是性。交往讓人親近，把驕傲、自我保護、對暴露的恐懼擺到一旁，伸出你的手、牽起他的手，躺在沙發上，看一場老電影。親密是閒聊，分析你們認識的人的行爲。親密是談你的父母，而你很少對朋友這樣談論，也從未對父母說過。親密是有時候靜靜地躺在一起，什麼也不說。

而這一切都涉及克制。這裡是眞正的癥結所在。你不能老是想做什麼就做什麼，因爲你得想到他以及他要什麼，一旦有小孩事情會更糟。你得把自己放在第三位或第四位或第五位，需要的時候得在半夜起床，一天要花好幾個小時注意小孩。沒有人會覺得這很輕鬆。在這枷鎖之下，你得隨時準備奔波。你想搬到鄉間，但是他通勤時間會很久。他想去跳舞跳到早上四點，但是你得在早上七點起床。我知道你會知道要如何努力。你受到試煉。你不會整晚玩樂，至少不是每一次，你總是能克制。而這也需要自制力，比以前做任何事都還需要。

我想到瓷器器皿。我母親的瓷器以及你可能會想當作結婚禮物的瓷器。我想著那些堆在櫥櫃中等待假期、派對、特殊節慶的瓷器。你的瓷器一連幾個月發出低語，放在櫥櫃中不受注意，這些不會洩漏你的拜物或其他任何缺點，但是有其他的用途。重要的不是瓷器實際的花樣或你所選的款式。你的瓷盤中會有一些是我祖母傳給我的母親，母親傳給我而我又傳給你的。有一些是爲了你的婚禮所買的。有一天這些瓷盤也會屬於一個你無法想像的未來。擁有瓷器不只表示你不再過著背背包的生活，像浮萍一樣到處移動。它的重要性在於，桌上的瓷盤握有你家庭的歷史，握著準備食物放在這些瓷盤上的手，握著清洗這些瓷盤的手，握著收起瓷盤放入櫥櫃以備下回使用的手，握著拿起刀叉又將之放下的手。瓷器閃閃發光，而餐桌上故事傳談著，家庭的緊張不安也是在餐桌上升高或降低。瓷器櫃是一本日記。你結婚的時候收到這些瓷器當禮物，不是因爲你現在沒有杯盤可以裝東西吃，而是因爲這些瓷器器皿的故事以及世代間的相連，會給予我們安慰，不管是死者、生者，或以後會加入的人。

不要失望。我快說完了。我希望你有這樣的丈夫，會覺得你是他最好的朋友，而他是你最好的朋友。我希望你的丈夫在經濟上和家務上會分擔他該做的部分。我希望你的丈夫會對孩子溫柔，以他們的利益爲重。我希望你的丈夫隨著時間過去依然會說些你有興趣的事，他的心不會變成木頭，不會失去他的能量以及對外在世界的興趣。他會和你一起上劇院、博物館、公園，也許是國外的公園。我希望這男人不會背叛你，而你也不會想要背叛他。我希望你的伴侶不會沒有眞正理由就心灰意冷。我希望你丈夫的壞習慣是會讓你微笑的。

我希望你的丈夫不會被意外或疾病所擊倒（這是你沒辦法控制的——我也沒法控制。我眞希望可以。我正在向命運祈禱）。我希望你早上醒來看到他會很快樂，晚上入睡時有他的鼻息在旁。我還有一個基於悲傷故事的想望。我希望你的丈夫是會在危險來臨之前有警覺，然後和你一起計劃預防的人。假如你需要即時逃開，我希望你的丈夫不會驚慌，但也不會否認危險的存在。我也希望你這樣。我要求的不多，不過是每個母親都會希望自己女兒擁有的。

如果我能將我的靈魂轉向你，趕走所有侵犯你王國的內外威脅，我會去做，你知道我會。但事實上你得自己來。你很快就會到達地平線的邊緣，而我將再也無法看到你，從一開始事情就會是如此的。

你的母親

P.S.你將從你祖母那裡得到的瓷盤，有許多金葉的部分都掉落了。那是因爲我用達爾文的方式對待它們的緣故，只有那些歷經洗碗機沖洗而未受損的瓷盤能適者生存。

關於婚姻你就不能說句好話嗎？

然而婚姻也有辦法治療舊有的傷口，或者至少會使傷口比較不會干擾現在的生活。我剛認識現在的先生時，他的背痛每八個月左右發作。他花好幾個小時坐在椅子上聽病人講話，所以身體老是僵硬。他會痛苦地躺在辦公室地板上，然後好幾天沒法正常走路。結婚幾年之後，他坐辦公室聆聽的時間不變，但是他的背部——和以前一樣的脊椎處——雖然每天操勞，却不再有痙攣，不再疼痛，不再困擾他。我說是我神奇地治癒了他的背痛，可不是透過巫毒術，或因爲我有醫者的才華，或是我給了他神奇的銅鐲。當我們的家庭變成一個安全的地方，變爲我們兩人的庇護所，他的身體壓力開始轉移，在這過程中愛意漸漸取代憤怒，取代那會使肌肉痙攣，箝住腦部或背部的血管，導致劇烈疼痛的憤怒。

配偶來自童年的舊創傷逐漸治癒，平復、病徵變輕微、焦慮會緩和，這是婚姻的長期工作。如果伴侶可以使彼此穩定，婚姻本身就會獲得彈性和韌力。如果丈夫比父親和善，如果女人愛著男人曾經被母親忽視、被兄長欺負的身體，那麼他舊有的憤怒、緊張和懷疑都會漸漸化解。婚姻本身是一個平撫罪惡感、緩和怒氣、取得勇氣以便開創新方向的地方。

我有一個女兒害怕開車。她是那種很謹慎的人，總是擔心掉落的物體或可能的撞擊。在和一個喜歡駕車到處跑的男人認眞交往過一段時間後，她決定要自己開車，並開始上駕訓班。最後她取得了駕照，雖然比大部分的美國人晚了十年達到這個里程碑，但我們都知道她生命中的某些東西轉變了，她的世界變得比較不可怕了。如果這對伴侶決定結婚，她一定會開起波音七四七。

但是新的傷口呢？總是會有的。工作沒了。原本可望加薪結果卻落空。小孩在學校表現變差。疾病威脅。父母生病或死亡。經濟狀況不佳。許多對身心的打擊難以避免。比較嚴重的煩惱像小孩生病或父母重感冒。是什麼使婚姻在危難時期猶能繼續下去？

簡單的答案是愛。如果彼此的愛夠深，那麼狂暴的海洋只會搖晃你倆而不會將你們拆散。這簡單的答案太簡單了，甚至有點蠢。要支持並維持婚姻度過難關，所需要的不只是愛，還需要膽量，需要耐心、自制力、一點點運氣，害怕改變也有幫助，會讓人繼續留在那裡。習慣難以改變，拆夥也難，而和配偶一起生活絕對是一件受習慣支配的事。光是這毫不浪漫的事實便可能使你在事情眞的變得很糟時不會逃家而去。

愛這個字代表著許多我們加諸伴侶的情緒，有些還不全然與愛有關。我們必需欣賞自己的配偶，但一段時間之後，沒有人還可以沉浸在理想的光芒中。我們知道沾滿泥巴的腳正在鞋櫃裡等候，討厭的事情隨時會發生。婚前懷疑他有的缺點，結果是眞的，可能比所想的還糟，但我們還是依戀著，還是在乎，還是需要對方。浪漫愛情染上其他色澤，變成友情，現實事物讓它結殼變硬：「花園的大剪刀到哪裡去了，去年的稅單你怎麼處理，再不用牙線你的牙齒就要掉光了，是你要讓小孩養狗的。」等等。浪漫愛情在共同記憶和共同責任的重量下改變。不像架上的花瓶靜止不動，而是在歲月中移動，像充滿房間的光，一天中每個時辰都有不同的色澤。

配偶間的性是強化兩人關係的美好事物。如果性是美好的，其他一切事物都有了光澤，可以吸收並容忍伴侶其他令人失望的地方。她不會管帳，沒關係，她在辦公室待太晚，沒關係，他脾氣不好，他對兒子沒有耐性，而我們對於如何處罰小孩及教育小孩的想法不同，都沒關係，我們在床上很好，勝過大多數的事情，至少一段時間是如此。但眞正碰到難關時，性就像食物，不太有人會把它放在心上。小孩生病、錢不夠用、家人出現憂鬱症或癌症，性就不是治療。耐心會有所幫助、勇氣會有所幫助、個性會有關係、態度會有關係、事情會變得更好而我們會找出解決辦法，這些想法使得伴侶更緊密，而不是分開。

伴侶可能會輪流出現灰心或離心的狀況。如果兩人同時崩潰，婚姻便可能解體。在艱困時，雙方都需要人安慰，要人給予安全感，需要一個冷靜的聲音，讓人看到洞穴盡頭的光，或者說出需要說出來的話。這個擔子要由某個人來挑起，但不必然每次都是同一個人。有些人感覺危險靠近時會像烏龜一樣縮頭，希望龜殼的堅硬就足以救他們一命。這會讓已經很煩惱的另一半更加沮喪，比以前寂寞，而且無依無靠。有些人會不斷否認，直到災禍眞的臨門。他們不想談論，一點也不想。如果在森林裡迷路，這也許是不錯的求生技術，但卻不是保護婚姻的好方法。

每一對伴侶的方式都不一樣，但是其中一個必須開放路線，至少有時候必須如此，一旦一方受到重挫，便可以說出他或她的恐懼和痛苦，而另一者若無法給予安慰，至少可以在那裡，握著對方的手，促膝相對。我在我醫師的診所看過這樣一對夫婦。兩人都白髮蒼蒼。他拄著枴杖，她看雜誌。他不斷用手帕擦臉。她的腳踝一下交叉一下分開，不斷移動位置。等待的時間很長。他伸出手，拍她的肩膀。她好像沒有注意到。但是她把椅子挪得更靠近他一點。她打開她的袋子，拿出一塊糖給他。他搖搖頭。她溫柔地把腿緊靠他的腿，倚在那裡，她的肩膀靠著他的肩膀。當護士叫她的名字，他們兩人便一起走進辦公室。

失去

我的伴侶比我年長，雖然他的身體很健康，但壽命的事情我知道，我有可能在他失去我之前先失去他。我想著沒有他的生活。想著睡覺時沒有他的手放在我的身體上，旁邊沒有他的呼吸聲，我想我可能沒辦法。我沒辦法。想到自己一個人吃晚餐，我覺得我沒辦法。眞的沒有辦法。想到自己一個人待在我們的公寓裡，看著他不想換掉的壁紙，想到看著他的書、他的衣服，而他不在，我知道我沒辦法。想到他替玉器中的盆栽澆花或和病人講電話，他的聲音放低，我聽不清楚他說些什麼。想到在海邊時，他在我身邊看書。想到他從他常去蒐寶的古董店帶回另外一隻模型船，帆是張開的，而上面架設了小型槍，裝飾著我們濃厚航海氣息的家。如果結束了呢，我們共同的生活？一想到此，小時候父母在另外一個房間吵架時，我感受到的破壞感再度回來，傢俱之間的空間好像突然變得好廣，到處是影子，彷彿窗戶無法映照光芒，彷彿我吸不到氧氣。我可以辨認出那種感覺。

我想你得爲婚姻付出的代價終究是很大的，雖然婚姻還沒有一半的糟。也許我無法恢復。他不喜歡聽我這樣說。他要我盡量享受生命中的每一年。他堅稱我會好好的。

等著看吧。我也可能先走。這是我可以找到的唯一不結婚的好理由：如果你不結婚，就不會失去伴侶。

說眞的——爲什麼人應該結婚？

婚姻不是在今天受到敬重的唯一方式，社會權力反而是由那些嘲弄規定的人（搖滾和饒舌歌手、電影明星、有錢人）所掌握，而社會的非難在美國城市也不眞的有殺傷力，比以前的勢力還弱。我們不能說傳統的婚姻，對於社會的穩定或對於自己小孩的成功是必要。婚姻如果要一直作爲吾人生活的一部分，則需要另外的防禦。

是有一個。婚姻比其他尙待悟得的解決方式更能回應一項人類問題——減輕孤獨感。婚姻給我們一個多年的伴侶。因爲與另外一人的結合，可以減少我們的自我中心，磨除我們的缺點，因爲這個人有另外的需求、另外的長處。婚姻是兩人的結合，期望它能豐富吾人生命，是我們依舊倚賴這個制度的唯一理由。這雙人結合與親近性，會製造麻煩，但也是婚姻一直與我們同在的原因，它會一直存在，直到人性因某種革命過程而改變、將我們又變成鳥或魚爲止。

是的，你可能有一連串的伴侶，一種親密感開始，失去、重新來過、再度失去，新的伴侶再次抓住你的心。如果這樣做，你可能會有許多不同的經驗，可能會學到各式各樣的事情，和這個人跳探戈，和另一個人做數學，可能會落居此地或彼處，和一個人在一起的時候養狗，和另一個人生活時則擁有帆船。這會使你保有自由，選擇開放。而一旦訂終身，可能會關上好幾扇門，門後房間裡不只有其他的人，還有其他生活方式。你再不會開著小貨車橫越全國，或永遠不會在巴黎最好的飯店用餐。如果你認爲自由比從一而終、比兩人的相繫，以及比眞正認識另外一人還來得重要，那麼你會有許多次的伴侶關係，而沒有一個是永遠的，或者你根本就沒考慮到這件事。在《臨死的動物》（*The Dying Animal*）中，菲利普·羅斯以主角大衛·凱佩許（David Kepesh）的性迷戀，爲自由提出了辯護。爲了品味不同女人的芬芳，爲了充滿實驗和多變的反布爾喬亞式生活風格，他像愛狄絲·華爾頓一樣，將婚姻看成是一輩子緩慢的還債過程。他經歷性革命，同意婚姻是加諸人性的罪惡。但是凱佩許不快樂。他善妒，對於一個比他小許多歲的女人身體有病態的迷戀。他爲自己製造了心靈的監獄並關在其中，他只專注於這個女人和她的美，也經常覺得被剝奪、受到不公平的對待。這裡的反諷在於自由並非如此容易取得。我們性格上的痛苦傾向，把生活變成活生生的地獄，沒有國家或教會的幫助。凱佩許爲性革命的光輝做了很好的論辯，他嘲笑自己那努力忠於妻子的兒子，他兒子在大學的時候認識妻子，在她懷孕的時候便與她結婚。但實際上，凱佩許是個緊張受挫的人，迷戀一個女人和她的胸脯，結果剩下極度的痛苦而毫無歡愉，他得孤獨面對老年，可以的時候就用性當作擋箭牌，保護他的靈魂免於空虛，並逃避他即將來臨的死亡（多好的反諷——是她死了而不是他——如果這是這位老作家爲了取悅上帝的犧牲——沒有用的）。

熟悉的事物從不會像新事物一樣刺激。戀愛許多次可能很快樂，一種新的刺激，不斷以色慾的可能性挑逗生命。但這在精神上一定很困難。有情緒的痛苦、分離、孤寂、一次又一次新的開始。再度開始新關係，對有些人而言是被迫的，譬如離婚或鰥寡者，但是若當作有目的的生活計劃，其瑕疵則至爲明顯。在兩次婚姻之間的空檔是我覺得最孤獨的時候。從來沒有如此強烈意識到家中沒有多出一雙手，沒有另一本帳簿，憂鬱、妒忌、憤怒的時候也沒有人關心。我知道堅強的女人和男人應該不需要這些。他們說心理健康的人可以獨立承擔，他們擁有這種太過膨脹的自主特質。我想，如果自主不是意味著和某人同床共枕許多許多年，那麼自主是很難被接受的，我就不想要。我也不希望女兒有這種自主。我認爲沒有所謂自主的女人或男人，只有那些已經適應了另外一個人缺席的人，而他們的缺席都是暫時的。修女和修士有強有力的同僚社群、特殊目的的職志以及在俗世中的特殊地位來補償其所失去的。而我們若失去配偶或從來沒有過配偶，可能會大吹勇氣的調子，但是其音符充其量只是讓壞心情待在原地的噪音。

從前，離婚率微不足道，但還是有許多家庭也是由單親所經營的。原因是死亡率很高。根據社會學家史可尼克（Arlene Skolnick）的報導，今天有四分之三的人在六十五歲之後才死亡：「在一八五〇年，只有二%的人口活過六十五歲。目前的長壽狀況改變一切。這意味著，在今天，一個女嬰要活到六十歲的機會比一八七〇年一個女嬰要活過週歲的機會大。普通一對夫婦，他們還健在的父母比自己的孩子數量還多，這在歷史上是第一遭。」現在，我們可以看到子女成年，這祝福有好有壞，也是令人訝異的事情。一九〇〇年，十五歲以下的小孩有四分之一失去父親或母親。每六十二個小孩中就有一個失去雙親。現在一八〇〇個小孩中只有一個是孤兒。許多研究人口統計學的人指出，升高的離婚率弧線和降低的死亡率弧線相符。換句話說，死亡率愈低，離婚率愈高。家庭的價值比以往更低。我們活得夠久，足以將家庭價值消磨。就這方面而言，高離婚率並未創造出一種全新養育小孩的方式。好消息是，我們的壽命變長了，也更可以期望過著更快樂的生活。社會並未因爲這麼多小孩是由單親父母或機構所撫養而崩解。一般還認爲這是正常的。已婚男女預期可以與彼此共同生活的時間變長了，也給予婚姻新的壓力。夫妻兩方都經驗到生命的改變，而他們的個人需求會一再轉移。

要是生病又要獨處實在很可怕。升官或得獎或得到讚美，却沒有人分享好消息，會使得這片刻的喜悅減少。心懷恐懼，又沒有任何人幫你消除疑慮，就像落入井底而沒有人來相救。日復一日，沒有人靠緊你的肌膚、沒有一個了解你狀況的人對你說句話，沒有一個知道你脊椎哪一個部分需要摩擦的人來給你愛撫，會很難過。是的，你可以說寂寞總比和不對的人在一起好，的確如此。只是，唯有當你了解到不對的人使你無法接觸到對的人，不想和不對的人結婚的理由才會更淸楚。你可以說我們都太依賴別人，應該學著沒有伴侶依然能獨立處世。但是如果夜半惡夢讓你惶惑悵惘於枕間，而有人可以讓你喚醒，感覺會比較好。如果有一個人，他在世上的所作所爲會取悅你、會讓你擔心、讓你興奮一如你自己的所作所爲，這樣會比較好。一樁美好的愛情變爲兩人的結合，使年長者生命有所提昇，是年輕人的愛慾興奮劑，會刺激生育，是繁殖的手段，是願意長期養育小孩的動機，是成就的喜悅。

這就是爲什麼離過婚的人會再婚。這就是爲什麼他們到酒吧尋找合意身體裡的友好心靈，而不是到電影院消磨一晚。這就是爲什麼個人徵友廣告大爲盛行。如果你能讓我不再孤獨，我也可以讓你不再寂寞。婚姻給予雙方平等的允諾。若我傷害你也會傷害到自己，那麼你在我的床上就會是安全的。若我是你需要的人你就絕不會離開我。如果允諾經常不盡符人意，那麼你會再試一次。

如果我們需要，如果我們也試了，那麼婚姻的焦慮或許已經影響許多人。唯一的療法是勇氣和膽量，像第一次跳水一樣，一頭躍入深池盡處。現代男女的寂寞是很強烈的。我們的社會組織並不夠緊密，無法保護並支持我們度過每天的日子，但願它可以。我們的信仰系統搖晃而殘破。上帝很少站在我們這邊，如果是，祂也不會提出什麼建議。我們至少需要握住一隻手，這是結婚的理由。

我的一個女兒和相戀數年的男友去那不勒斯參加大學朋友的婚禮。他們交往幾年了？我試著數過，但是記不太清楚。是三年還是四年？他們打算先去那不勒斯，再造訪龐貝古城。如果他們一輩子同居都不結婚會怎麼樣？希望不會這樣，但我這樣是不是太守舊、太傳統了？如果他們在旅行途中大吵一架，決定分手，怎麼辦？我的女兒會有多難過。她的體重會減輕，會沒辦法睡覺，要過幾個月她才會再度回復平常活蹦亂跳的自己，而我會替她覺得難過。「時代改變了，」我的老伴說：「她很獨立、堅強，不需要結婚的。」「你眞的這樣覺得？」我問。「也許。」他說。他才不這樣想呢！他只是不要我鑽牛角尖。我一思索，就會一再循環、重複，像鐵軌上壓扁的一枚硬幣。我不怪他說謊。

我們在廚房準備晚餐：實際狀況是，我丈夫做義大利麵，而我打開蕃茄醬罐。那是溫暖的五月天，曼哈頓西城的噪音從我們公寓敞開的窗戶外飄過：救護車的聲音、消防車的警報聲，附近頂樓在開派對，電視上吉姆・賴爾（Jim Lehrer）的聲音誠懇又漠然，隔壁的小女孩在走廊哭，她不要媽咪和爹地晚上出去。還記得好久以前，我的女兒們也曾經這樣。如果我自己的ＤＮＡ沒有遺傳下去，我告訴自己，那有什麼關係。在廣大的宇宙中，我的ＤＮＡ根本無法貢獻什麼。我不在乎什麼ＤＮＡ，但是當我想到我女兒不識扶養小孩的滋味，眞的覺得很慘。不過我轉念又想，如果她們唯一的憂慮是自己，也許她們不會覺得那麼慘。這個謎團，這個無法解答的弔詭，總會出現在我腦中。現在變成背景噪音，像一則熟悉但討厭的電視廣告。

電話響了。我丈夫去接。是女兒從義大利打來的電話。我馬上想到車禍、疾病突發或他們失足落入地中海的景象。我的心跳加速。我看到丈夫臉上出現紅光，我看到他臉上開心的笑容。女兒的男朋友在電話上。雖然他已經三十出頭，他還可以當個男朋友嗎？我們的語言跟不上社會習慣的快速變化。我是不是看見老伴眼中的淚光了？他們並不是打電話來通知發生意外，相反的，他們要訂婚了。

掛電話後，我才發現義大利麵已經變成麵糊了。我這本書有了傳統的圓滿結局，我也不會去提醒自己傳統的問題所在、婚姻中的保障實際上有多少，至少此時此刻不會去想。身爲母親有資格來慶祝這個片刻，即使是我的腦袋中還必須煩惱鍋裡的那團麵糊。

國家圖書館出版品預行編目資料

單身不賴，結婚更好：結婚的蠢念頭、笨想
法、聰明選擇、不斷的疑惑，以及好理由／
安．洛芙 (Anne Roiphe) 著；蔡佩君譯.
— 初版— 臺北市：大塊文化，2002［民91］
面； 公分. (smile; 52)
譯自：Married: A Fine Predicament

ISBN 986-7975-56-1 (平裝)

1.婚姻

544.3 91018192

105 台北市南京東路四段25號11樓

廣　告　回　信
台灣北區郵政管理局登記證
北台字第10227號

大塊文化出版股份有限公司　收

地址：□□□ ＿＿＿＿＿市／縣＿＿＿＿＿鄉／鎮／市／區
＿＿＿＿＿路／街＿＿＿段＿＿＿巷＿＿＿弄＿＿＿號＿＿＿樓
姓名：

請沿虛線撕下後對折裝訂寄回，謝謝！

大塊 LOCUS 文化

編號：SM 052　書名：單身不賴，結婚更好

大塊文化 LOCUS 讀者回函卡

謝謝您購買這本書，爲了加強對您的服務，請您詳細塡寫本卡各欄，寄回大塊出版 (免附回郵) 即可不定期收到本公司最新的出版資訊。

姓名：＿＿＿＿＿＿＿＿＿＿＿＿＿＿ **身分證字號**：＿＿＿＿＿＿＿＿＿＿＿＿＿＿

住址：＿＿＿＿＿＿＿＿＿＿＿＿＿＿＿＿＿＿＿＿＿＿＿＿＿＿＿＿＿＿＿＿

聯絡電話：(O)＿＿＿＿＿＿＿＿＿＿＿＿＿＿ (H)＿＿＿＿＿＿＿＿＿＿＿＿＿＿

出生日期：＿＿＿年＿＿＿月＿＿＿日 E-mail: ＿＿＿＿＿＿＿＿＿＿＿＿＿＿

學歷：1.□高中及高中以下 2.□專科與大學 3.□研究所以上

職業：1.□學生 2.□資訊業 3.□工 4.□商 5.□服務業 6.□軍警公教 7.□自由業及專業 8.□其他＿＿＿＿＿

從何處得知本書：1.□逛書店 2.□報紙廣告 3.□雜誌廣告 4.□新聞報導 5.□親友介紹 6.□公車廣告 7.□廣播節目8.□書訊 9.□廣告信函 10.□其他＿＿＿＿＿＿

您購買過我們那些系列的書：

1.□Touch系列 2.□Mark系列 3.□Smile系列 4.□Catch系列 5.□tomorrow系列 6.□幾米系列 7.□from系列 8.□to系列

閱讀嗜好：

1.□財經 2.□企管 3.□心理 4.□勵志 5.□社會人文 6.□自然科學 7.□傳記 8.□音樂藝術 9.□文學 10.□保健 11.□漫畫 12.□其他＿＿＿

對我們的建議：＿＿＿＿＿＿＿＿＿＿＿＿＿＿＿＿＿＿＿＿＿＿＿＿＿＿＿＿

＿＿＿＿＿＿＿＿＿＿＿＿＿＿＿＿＿＿＿＿＿＿＿＿＿＿＿＿＿＿＿＿＿＿＿＿＿

＿＿＿＿＿＿＿＿＿＿＿＿＿＿＿＿＿＿＿＿＿＿＿＿＿＿＿＿＿＿＿＿＿＿＿＿＿

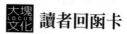

LOCUS

LOCUS

LOCUS

LOCUS